JOCHEM SCHÄFER

GOETHE UND SEIN ALTERSWERK „WILHELM MEISTERS WANDERJAHRE" IM LICHTE DES WIDERSTANDS GEGEN DEN NATIONALSOZIALISMUS

- DER DEUTSCHE WANDERTAG 1927
IN HERBORN UND SEINE FOLGEN -

2011

M.-G. SCHMITZ-VERLAG, NORDSTRAND/NORDSEE

Abbildung auf der vorderen Umschlagseite:
Goethe und Schiller vor dem
Deutschen Nationaltheater in Weimar

Bibliografische Information der Deutschen Nationalbibliothek:
Die Deutsche Nationalbibliothek verzeichnet diese Publikation
in der Deutschen Nationalbibliografie; detaillierte bibliografische Daten sind im Internet über http://dnb.d-nb.de abrufbar.
ISBN 978-3-8423-4428-0

Herstellung und Verlag: Books on Demand GmbH, Norderstedt.

*Copyright 2011 by M.-G. Schmitz-Verlag, Pressebüro,
Versand-Buchhandlung und –Antiquariat
Herrendeich 5, 25845 Nordstrand/Nordsee
Tel. 04842 900215 / Fax 04842 900220 / Mobil 0171 8367729
e-mail: schmitz-text-und-buch@gmx.de
http://www.schmitz-verlag.de*

Wenn wir die Freiheit erschallen lassen – wenn wir sie erschallen lassen von jeder Stadt und jedem Weiler, von jedem Staat und jeder Großstadt, dann werden wir den Tag beschleunigen können, an dem alle Kinder Gottes – schwarze und weiße Menschen, Juden und Heiden, Protestanten und Katholiken – sich die Hände reichen und die Worte des alten Negro Spiritual singen können: „Endlich frei! Endlich frei! Großer allmächtiger Gott, wir sind endlich frei!"

Aus: „I have a dream"
Dr. Martin Luther King am 28. August 1963 vor 250.000 Menschen am Abraham Lincoln Memorial in Washington

Inhalt

1. Editorial

Genau 1400 Jahre nach der durch Inschriften belegten Gründung des St. Katharina Klosters auf der Halbinsel Sinai durch Kaiser Justinian I., deren Authentizität gelegentlich angezweifelt wird, fand der 36. Deutsche Wandertag 1927 in der charmanten hessischen Kleinstadt Herborn an der Dill statt. Ausrichter der mehrtägigen Veranstaltung war der Westerwaldverein. Mit seiner außergewöhnlichen Friedensbotschaft, die der inneren Stabilität und der Völkerversöhnung diente, setzte der Wandertag im Jahr nach der Aufnahme Deutschlands in den Völkerbund einen grundlegenden Markstein, der später fundamental das Widerstandsgeschehen während des gesamten Dritten Reichs beeinflusste. Mit seinem symbolträchtigen Bezug zum Berg Moses und zu den zehn Geboten prägte und erleichterte er zudem in der Folgezeit maßgeblich die Einwanderung der verfolgten jüdischen Bevölkerung nach Palästina und in andere Staaten der Welt.

Tausende von Wanderfreunden der deutschen Gebirgs- und Wandervereine, die mit 270.000 Mitgliedern einen sehr starken Verband darstellten, sammelten sich Anfang September in der kunstvoll mit historischem Fachwerk und Schiefertäfelung bestückten Altstadt, die Jahrhunderte vorher von Studenten aus zahlreichen europäischen Ländern belebt war. Diese besuchten die kleine, aber berühmte calvinistische Hohe Schule der Stadt "Academia Nassauensis", die von Graf Johann VI. von Nassau-Dillenburg 1584 gegründet wurde und bis 1817 ihren Seminarbetrieb durchführte. Namen der Professoren Caspar Olevian, Johannes Piscator, Johannes Althusius, Johann Heinrich Alsted, Georg Pasor und Johann Heinrich Bisterfeld verbreiteten ihren Ruf weit über die Grenzen des Landes.

Auch die übrige Stadtgeschichte weist bemerkenswerte Besonderheiten auf. Es erschließt sich ein historisch weites Feld, wenn man die zentrale Bedeutung der Stadt im Landesbezirk unter fränkischen und deutschen Königen im frühen und hohen Mittelalter, die urkundliche Erwähnung der weiträumigen

„Herborner Mark" im Jahr 1048, die Beteiligung nassauischer Grafen an der Gründung des Deutschen Ordens mit einer Spitalbruderschaft in Akko („Brüder vom Deutschen Haus Sankt Mariens in Jerusalem") und die Verleihung der Stadtrechte 1251, 800 Jahre nach dem Konzil von Chalcedon, durch den Römischen König Wilhelm von Holland ergründet. Auch das Herborner Stadtwappen (frühere Stadtsiegel) mit dem thronenden Petrus und den beiden verschwisterten nassauischen Grafen Walram II. und Otto I. ist dabei zu würdigen, zumal die Trennung des Hauses Nassau in seine beiden gewichtigen Stammlinien ottonischer und walramscher Zweig wenige Jahre nach der Stadtgründung, am 16. Dezember 1255 (orthodoxer Gedenktag an Joseph von Nazareth) stattfand.

Dem Deutschen Wandertag waren u.a. der Erste Weltkrieg mit dem 14-Punkte-Programm des 28. Präsidenten der USA, Woodrow Wilson, für einen dauerhaften und gerechten Weltfrieden, die Waffenstillstandsverhandlungen in Compiégne bei Paris, die Gründung der Weimarer Republik, der Frieden von Versailles mit der Satzung des Völkerbundes und die Verträge von Locarno vorausgegangen, die im Dezember 1925 in London unterzeichnet wurden. Der gottesfürchtige amerikanische Staatsmann Wilson war Sohn eines Pfarrers der Presbyterian Church, der den Kriegseintritt gegen Deutschland im April 1917 mit der „Befreiung der Völker, einschließlich der Deutschen" von unverantwortlichen Autokraten begründete.[1] Sein am 8. Januar 1918 vorgelegtes 14-Punkte-Programm, das auch die Bildung eines Völkerbundes beinhaltete, war eine friedliebende Botschaft an die Völker der Welt. Der Begründer der Psychoanalyse, Sigmund Freud, und der spätere US-Botschafter in Moskau und Paris, William C. Bullitt, kommentierten die Aktion in einer sicherlich überspitzten psychoanalytischen Studie über den Präsidenten wie folgt:[2]

---

[1]   Vgl. Klaus Schwabe (1971), S. 66.
[2]   Sigmund Freud und William C. Bullitt (2007), S. 210.

„Im Januar 1918 war Wilson zutiefst davon überzeugt, den Krieg durch die Macht seiner Worte zu einem Kreuzzug für die Prinzipien der Bergpredigt erheben zu können. Seine Identifizierung mit Christus bestimmte seine Worte."

Die dem 14-Punkte-Programm folgenden Entwicklungen offenbarten mit ihren Datierungen in vielen Fällen Bezüge zu nahen Vorfahren des Autors und setzten damit eine Tradition fort, die seit Jahrhunderten die internationalen Friedensschlüsse begleitete. Sie waren verflochten mit historischen Begebenheiten, die zum Teil bis ins Altertum reichen, und hatten vor allem einen marianischen, davidischen und anderweitig sakralen oder kulturellen Hintergrund. Im Besonderen ermöglichten sie es, nach tragischen Kriegsereignissen eine Versöhnungspolitik zwischen Völkern mit unterschiedlichen Kulturen und Religionen friedfertig und menschenwürdig zu initiieren. So begannen beispielsweise die Waffenstillstandsverhandlungen vom 8. bis 11. November 1918 am Geburtstag des Vaters des Autors, Otto Schäfer aus Herborn. Einen Jahrestag (Todesgedenktag an St. Martin), den Adolf Hitler 1923, an Ottos 21. Geburtstag, fatalerweise auch zur Eröffnung seines Staatsputschversuchs nutzte. Der deutsche Entwurf zur Errichtung eines Völkerbundes wurde am 23. April 1919 vom Kabinett verabschiedet. Dies war auch der elfte Geburtstag der Mutter des Autors, Frau Martha Schäfer (Pech), die in Münster/Westf. geboren wurde und in Weilburg an der Lahn ihre Kindheit und Jugend verlebte. Wilsons Friedensnote kurz vor Ende des Weltkriegs stammte vom 23. Oktober 1918. Zwei Jahre danach fand die Ratifizierung der Friedensverträge zwischen der Sowjetrepublik, Polen und Finnland an diesem Kalendertag statt, der als orthodoxer Gedenktag an den Bruder von Jesus, Jacobus des Gerechten, angesehen wird. Dieser war neben Petrus und Johannes Leiter der ersten Christengemeinde in Jerusalem und betrachtete nach altherkömmlicher Auffassung die Urgemeinde vermutlich weiter als Teil des Judentums. Die am 23. Oktober 1882 in Forbach/Lothringen geborene Großmutter des Autors, Frau

Christine Katharine Pech (Kraft), war von Geburt an in die im gleichen Jahr einsetzende Einwanderungswelle osteuropäischer Juden nach Palästina einbezogen, die besonders auch der aus der Bankendynastie stammende Franzose Baron Edmond de Rothschild unterstützte. Ein Bezug wird ebenso deutlich zur österreichischen Habsburger Dynastie, die sich in den ersten Jahrzehnten als bedeutende Schutzmacht der Ansiedlungen bewährte. Sie hatte sich Mitte des 19. Jahrhunderts zusammen mit anderen Großmächten bei der Befreiung Syriens von der ägyptischen Oberhoheit und bei der Beendigung des Bürgerkriegs zwischen Drusen und Maroniten auf dem Gebiet des heutigen Libanon besondere Verdienste in der Region erworben.[3] Die Habsburger führten auch den Titel eines Königs von Jerusalem und hatten zudem durch die Kaiserkrönung Karls V. in der Aachener Pfalzkapelle am 23. Oktober 1520 in ihrer spanischen Regentenlinie eine bedeutende Verbindung zu dem friedvollen Jahrestag und auch zu Karl dem Großen. Dieser erhielt nach den Reichsannalen im Jahr 800 vom Patriarchen von Jerusalem die Schlüssel zum Grab Jesu Christi, zum Berg Zion und zur Stadt Jerusalem mit einem Banner als Geschenk.[4] Die Vielfalt der Zusammenhänge prägte die Konzeption des Völkerbundes, der die Stadt Jerusalem mit ihren christlichen, jüdischen und moslemischen Heiligtümern in seine friedensstiftenden Überlegungen einbezog. Dabei berücksichtigte er eine Zusage der britischen Regierung an die zionistische Bewegung zur Errichtung einer nationalen Heimstätte für das jüdische Volk in Palästina (Balfour-Deklaration aus dem Jahr 1917). Die Deklaration wurde im Juli 1922 in das Völkerbundmandat für Palästina aufgenommen, das u.a. die Verwaltung des Gebiets durch Großbritannien mit besonderer Achtsamkeit gegenüber der jüdischen und arabischen Bevölkerung regelte. Flankierend zum Aufbau des Völkerbundes waren nach dem Massensterben im Ersten Weltkrieg christliche Beweggründe für

---

3   Vgl. Robert-Tarek Fischer (2006), S. 192.
4   Vgl. Reinhold Rau (1993), S. 75.

die Errichtung der Kirche aller Nationen (Todesangstbasilika) an der traditionellen Stätte des Gartens Gethsemane am Fuß des Ölbergs von 1919 bis 1924 maßgebend. Die zwölf Kuppeln der von mehreren Nationen gestifteten Kirche in unmittelbarer Nähe des griechisch-orthodoxen Mariengrabs stehen für die zwölf Apostel, die sich an dieser Stelle mit Jesus Christus einen Tag vor seiner Kreuzigung zum letzten Abendmahl trafen. Das Grauen des Weltkriegs stellte der britische Literaturnobelpreisträger von 1907, Rudyard Kipling, in seinem Gedicht „Gethsemane" (1919) sehr treffend dar. In einem gleichnamigen Gedicht hatte Annette von Droste-Hülshoff bereits in der Mitte des 19. Jahrhunderts das Gebet Jesu vor seinen Leiden im Garten Gethsemane thematisiert.[5] Die weitgehende Entlassung Ägyptens in die Unabhängigkeit am 28. Februar 1922 durch Großbritannien beeinflusste ebenfalls die Neugestaltung der Völkerbeziehungen, auch wenn das Land erst 1937 dem Völkerbund beitrat. So wird bei einer der bedeutendsten Ausgrabungen der Neuzeit, dem Grab des Tutanchamun, ein Vorgehen offenkundig, bei dem das große Kulturerbe des Altertums mit der verantwortungsvollen Friedensethik verknüpft wird. Der Beginn der Grabungsarbeiten durch den britischen Ägyptologen Howard Carter am 1. November 1922 und die Autopsie der Mumie am 11. November 1925 durch Carter und renommierte ägyptische Wissenschaftler sind hierfür unstrittige Belege.
Die Beschlussfassung des Völkerbundsrats zur Aufnahme Deutschlands als ständiges Ratsmitglied am 8. September 1926 (am Gedenktag Mariä Geburt) ging mit der aufgezeigten Moralität konform und gab einen zusätzlichen Anstoß zur Durchführung des Deutschen Wandertags in Herborn. Diesen zeichnete eine weitere Besonderheit aus. Er hatte einen augenfälligen Bezug zu Johann Wolfgang Goethes Alterswerk „Wilhelm Meisters Wanderjahre oder die Entsagenden".

---

[5] Vgl. Annette von Droste-Hülshoff (1980), S. 205 u. 206 sowie (1992), S. 652-656.

Der Poet war über seine Ahnen mit Vorfahren des Autors vornehmlich hinsichtlich der bedeutenden Häuser Nassau-Oranien und Hohenlohe und deren sakraler Herrscherideologie eng verflochten.[6] Über die Mutterstammlinie von Otto Schäfer (Kunze) ergab sich zudem eine sehr enge Verknüpfung zur amerikanischen Unabhängigkeitserklärung von Philadelphia (1776)[7] und komplettierte eine Paarung, die auch für den Goethe-Mythos im Deutschen Kaiserreich besonders genutzt wurde. Mit seiner Abhandlung „Israel in der Wüste" (1797) hatte Goethe bereits die alttestamentarisch überlieferte Wanderung des israelitischen Volks durch den Sinai mit Moses mit eigenen Gedanken dargelegt und dabei die folgende weitsichtige Äußerung kund getan:[8]

> „Erinnern wir uns nun zuerst des Israelitischen Volkes in Aegypten, an dessen bedrängter Lage die späteste Nachwelt aufgerufen ist Theil zu nehmen."

---

[6]   Goethes Mutter war eine Nachfahrin des Grafen Wolfgang II. von Hohenlohe-Weikersheim (1546-1610), dessen fränkisches Adelsgeschlecht auf einer weitverzweigten Kraft-Stammlinie fußt. Wolfgang II. heiratete 1567 eine Schwester des weltbekannten niederländischen Unabhängigkeitskämpfers Wilhelm I. von Nassau-Oranien und des Grafen Johann VI. von Nassau-Dillenburg, des Begründers der Hohen Schule zu Herborn.

[7]   Die familiäre Beziehung der Vorfahren Johann Wolfgang Goethes (väterlicherseits) und des Autors hat ihren Ursprung im thüringischen Artern. Ein Nachfahre in der Kunze-Stammlinie, Johann Christoph Kunze (1744-1807), war mit einer Tochter des Begründers der lutherischen Kirche in Nordamerika, Heinrich Melchior Mühlenberg, verheiratet. Durch seine Tätigkeit als Pfarrer in der St. Michaels- und Zionskirche in Philadelphia und die anschließende Gründung eines lutherisch-theologischen Seminars in dieser Stadt (1773) stand er in enger Fühlung zur amerikanischen Unabhängigkeitserklärung. Das Seminar leitete er auch noch unter britischer Besatzung Philadelphias. – Vgl. Carl Frederick Haussmann (1917), S. 16.

[8]   Johann Wolfgang Goethe (1998), S. 218.

In den „Wanderjahren" findet man nun trinitarische und
marianische Bezüge, Äußerungen zum äußerst gewissenhaften
Umgang mit dem Kreuzestod Jesu Christi, eine Novelle über die
Nachahmung von Joseph von Nazareth mit seiner Familie,
pädagogische Grundgedanken der Erziehung zur Ehrfurcht mit
tiefgründigen religionsphilosophischen Bekundungen sowie ein
durchgängiges Wandermotiv bei Wilhelm, dem Wanderer- und
Auswandererbund der Entsagenden und bei einigen weiteren
Akteuren. Der Roman enthält zudem Passagen zum zeitge-
nössischen Judentum und zum Volk des ewigen Wanderns.
Aspekte, die offenkundig auch mit dem Deutschen Wandertag in
Herborn und der Friedensethik in der Nachkriegszeit kohärier-
ten. Mit seiner humanen und ehrfürchtigen Lebensauffassung
und deren anschaulicher Formulierung in der pädagogischen
Provinz des Romans bekundete Goethe zudem eine nahe
Geistesverwandtschaft zu dem namhaften Pädagogen, Bischof
der Böhmischen Brüder und Namensgeber des heutigen
Comenius Programms der Europäischen Union zur Schul-
bildung, Jan Amos Comenius, der von 1611 bis 1613 in Herborn
studierte. Der frühere Direktor der Franckeschen Stiftungen zu
Halle, August Nebe (1921-1931), der ebenfalls aus Herborn
stammte, pries ihn als Menschen, Pädagogen und Christ.[9]
Besonders akut und lebensnah war die Verbindung zwischen
Roman und Wandertag jedoch durch die massenhafte Emigration vornehmlich osteuropäischer Juden in die USA und nach
Palästina in den zwanziger Jahren, die in beträchtlicher Anzahl
über Deutschland führte. Es stellten sich große Verwaltungs-
und Unterbringungsprobleme, die sich auf deutscher Seite noch
ausweiteten, als die USA ab 1921 die Einwanderungsmög-
lichkeiten mit einer Quotenregelung beschränkten und diese im
Immigration Act von 1924 weiter verschärften. Wie in den
„Wanderjahren" war das Entsagungsprinzip für die Emigration
maßgebend. Während jedoch in Goethes Gesellschaftsroman die
Auswanderung aufgrund ökonomischer Zwänge zu Beginn der

---

[9]   Vgl. August Nebe (1891) und (1931).

industriellen Revolution erfolgte, machte sich die jüdische Bevölkerung nun wegen Antisemitismus und Verfolgung oder aus Sehnsucht nach der historischen Heimat auf den Weg und suchte im Gelobten Land oder in den USA nach einer Existenz mit religiöser Besinnlichkeit und mehr Freiheit und Selbstbestimmung.

Das jüdische Volk verfügte über bedeutende Persönlichkeiten, die die Auswanderungsbestrebungen nachdrücklich unterstützten und gewiss den Deutschen Wandertag in Herborn guthießen oder mit anregten, zumal ein Jahr vor dieser Veranstaltung die Gründungsversammlung der deutschen Sektion der „Jewish Agency for Palestine" und auch der Zusammenschluss jüdischer Organisationen zu einem Weltverband stattfand.[10] Der Vorsitzende des Verbandes der „Deutschen Gebirgs- und Wandervereine", Prof. Rudolf Kissinger, kam ebenfalls aus Hessen. Er war langjähriger verdienstvoller Leiter der Eleonore Schule (Oberschule für Mädchen) in Darmstadt und außerdem Vorsitzender der Altherrenschaft der Burschenschaft Adelphia in der Stadt Gießen, in der auch die Mutter und eine Schwester des Vaters des Autors 1927/28 das unter Leitung der jüdischen Pädagogin Hedwig Burgheim stehende Fröbel-Seminar für den Erzieherinnenberuf besuchten.[11]

Die Weltwirtschaftskrise ab Oktober 1929 war der Ausgangspunkt für eine Staatskrise und enorme NSDAP-Stimmenzuwächse in der Weimarer Republik. Die Radikalisierung der Bevölkerung gebot nun umso mehr, bei den Auswanderungsabsichten jüdischer Bevölkerungskreise zu helfen. Die folgenschwere Entwicklung konnten jedoch auch zahlreiche auf ethische Verantwortung ausgerichtete nationale Aktivitäten im Goethejahr 1932 nicht mehr aufhalten. Internationale Bemühungen im gleichen Jahr waren ebenfalls zunächst ohne Erfolg. Beachtenswert waren die Goethe-Reden von Gerhart Haupt-

---

10 Vgl. Daniela Eisenstein (2001), S. 72.
11 Hedwig Burgheim wurde nach sehr verantwortungsvollem Wirken in Gießen und Leipzig im Februar 1943 in Auschwitz umgebracht. Vgl. Andrea Dilsner-Herfurth (2008), S. 69.

mann an der New Yorker Columbia University und von Paul Valéry an der Sorbonne in Paris. Bedeutsam waren auch die Goethe-Tagung des „Comité Permanent des Lettres et des Arts" des Völkerbundes im Frankfurter Römer und im Opernhaus, die Bestimmung des bereits um 1600 auch in hebräischer Fassung vorliegenden Wilhelmuslieds als niederländische National-hymne[12] und die Wahl von Franklin D. Roosevelt an Otto Schäfers 30. Geburtstag zum 32. Präsidenten der USA. Die Vereidigung Hitlers zum Reichskanzler konnte nicht verhindert werden, der nationale und internationale Widerstand gegen die Nationalsozialisten und die Verfolgtenhilfe wurden jedoch nachhaltig gestählt.

Das Richtfest zum Wiederaufbau der im Krieg zerstörten und mit den Grundrechten untrennbar verbundenen Frankfurter Paulskirche an dem beziehungsreichen 8. November 1947 war ein entscheidender Schritt zum demokratischen Neuanfang nach dem Zweiten Weltkrieg. Letztendlich ebnete er mit den Weg zur Völkerversöhnung in Europa und zur Überwindung der Teilung Deutschlands in der Nachkriegszeit.

Die Stadt Herborn stand 1986 mit dem 26. Hessentag im Zentrum des Interesses. Im 200. Todesgedenkjahr an Friedrich den Großen wurde eine Friedens- und Versöhnungsbrücke zur DDR gespannt, die das gemeinsame achtbare kulturelle und freiheitliche Geschichtserbe der beiden Teile Deutschlands besonders verband und würdigte.

---

12   Das Lied erinnert an den in Herborns Nachbarstadt Dillenburg geborenen Wilhelm I. von Nassau-Oranien, der in einem berühmten Kupferstich des niederländischen Malers und Kupferstechers, Hendrick Goltzius, aus dem Jahr 1581 als Feldherr abgebildet ist. In den Ecken des Stichs sind Exodusszenen dargestellt, in denen Moses das Volk Israel aus der Gefangenschaft in die Freiheit führt. Sie verherrlichen die Position Wilhelms im Freiheitskampf der Niederlande. Vgl. Harm Stevens (2003), S. 122, u. E.K.J. Reznicek (1961), S. 29.
Am 29. September 2000 weihte die niederländische Königin Beatrix in Dillenburg ein Denkmal des Freiheitshelden ein, der 1584 von einem katholischen Fanatiker in Delft ermordet wurde.

Einer der Höhepunkte in dem jahrzehntelangen Prozess war auch die Aufführung von Beethovens „Missa Solemnis" in Berlin (West), Moskau, Dresden und London unter Leitung von Anatol Dorati mit Musikern aus 39 ost- und westeuropäischen Symphonie-Orchestern und dem Chor der Universität von Maryland anlässlich einer von den Internationalen Ärzten zur Verhütung des Atomkriegs organisierten Konzertreise im Jahr 1988. Am amerikanischen Nationalfeiertag, dem 4. Juli, überbrachte der Maryland Chorus den Moskauer Bürgern Beethovens „Bitte für inneren und äußeren Frieden".[13]

Der Fall der Berliner Mauer am 9. November 1989 und die deutsche Einheit am 3. Oktober 1990 mit einer offiziellen Zeremonie vor dem Reichstag, einem ökumenischen Gottesdienst in der Berliner Marienkirche und einem Staatsakt in der Philharmonie wurden schließlich ermöglicht durch die friedliche Revolution der DDR-Bürger ab September 1989. Diese wurde vor allem initiiert durch die Vernetzung des großen deutschen literarischen, musikalischen und religiösen Kulturerbes mit den Menschenrechten und einem verantwortungsbewussten Umwelt- und Naturschutz. Goethes Weltverständnis vom harmonischen Gleichklang von Mensch und Natur und seine Wanderphilosophie der universellen Verbundenheit unterschiedlicher Lebens- und Kulturformen spielte auch hierbei eine Schlüsselrolle.

---

[13] Vgl. Ingrid u. Peter Hauber (2009), S. 12.

Abbildung 1: Flucht nach Ägypten
Peter Paul Rubens (1577-1640),
überarbeitete Zeichnung eines italienischen Künstlers,
Klassik Stiftung Weimar, Museen[14]

---

[14] Ein Exponat aus Goethes Kunstsammlung, dessen Betitelung mit der des
       Eingangskapitels von „Wilhelm Meisters Wanderjahre" übereinstimmt.

2.   Weimarer Republik und Weimarer Klassik

Der Begriff „Weimarer Klassik" wird in der Geschichts- und Geisteswissenschaft vielfach unterschiedlich genutzt. Im engeren Sinn wird im allgemeinen das Lebenswerk Goethes und Schillers und ihrer literarischen Weggefährten in Weimar von Goethes Italienreise bis zu Schillers Tod im Jahr 1805 zugrunde gelegt. Verschiedentlich wird auch der Beginn des Freundschaftsbundes zwischen Goethe und Schiller im Jahr 1794 als Ausgangspunkt angesetzt. Eine weitere Auslegung, die sich der Autor zu eigen macht, berücksichtigt neben der Blütezeit der deutschen Literatur das gesamte geistige Leben in Weimar. Sie erweitert den klassischen Zeitabschnitt von Goethes Ankunft in der Stadt 1775 bis zu seinem Ableben 1832 und streift auch noch das Musikleben in der Folgezeit mit Franz Liszt und Hector Berlioz.

Die weltweite Bedeutung der Weimarer Klassik war dafür ausschlaggebend, dass die Kleinstadt an der Ilm Tagungsort der ersten verfassungsgebenden Nationalversammlung und damit Namensgeber der Weimarer Republik wurde.

2.1   Die politische Gesinnung in der Weimarer Republik

Bei der Eröffnung der verfassungsgebenden Nationalversammlung am 6. Februar 1919 in Weimar beschwor der spätere Reichspräsident der ersten deutschen Republik, Friedrich Ebert, den Geist der Republik wie folgt:[15]

> „Jetzt muss der Geist von Weimar, der Geist der großen Philosophen und Dichter, wieder unser Leben erfüllen. Wir müssen die großen Gesellschaftsprobleme in dem Geist behandeln, in dem Goethe sie im zweiten Teil des Faust und in Wilhelm Meisters Wanderjahre erfaßt hat."

---

[15]   Verhandlungen der verfassungsgebenden Deutschen Nationalversammlung (1919).

Dabei äußerte er Wunschvorstellungen, die sich in den ersten Jahren der Weimarer Republik zwischen 1919 und 1923 wegen der alliierten Rheinlandbesetzung, revolutionärer Unruhen, Streiks, Gewaltdelikten, Massenarbeitslosigkeit, einer Hyperinflation, dem Ruhrkampf und der allgemeinen Unzufriedenheit über Versailles nur äußerst bedingt realisieren ließen.

Darüber hinaus war dem Kriegsverlierer Deutschland zunächst die Mitgliedschaft im Völkerbund verwehrt. Die neue Reichsregierung erhielt jedoch bei ihren Bemühungen um eine Verbesserung der auswärtigen Beziehungen über die Jahre wertvolle Unterstützung von der sich für die Idee des Staatenbundes einsetzenden Deutschen Liga für Völkerbund, deren pädagogische Abteilung bereits wenige Tage vor der Unterzeichnung der Verfassung der Weimarer Republik vom 5. bis 7. August 1919 in Wetzlar eine Tagung mit amerikanischen und englischen Quäkern zu den ethischen Voraussetzungen eines dauerhaften Friedens durchführte.[16] Die alte Reichsstadt an der Lahn bot sich aufgrund ihrer Stadtgeschichte besonders für dieses Thema an. Von 1689 bis 1806 war hier das Reichskammergericht ansässig, an dem auch Johann Wolfgang Goethe und sein Vater im Rahmen ihrer fortgeschrittenen Juristenausbildung zeitweise tätig waren. Dem Wetzlarer Treffen vorausgegangen war im Juni 1919 eine Tagung in Heppenheim, die im wesentlichen vom „Gießener Kreis zur Neugestaltung des Bildungswesens" um die Reformpädagogen Theo Spira und Otto Erdmann und den jüdischen Religionsphilosophen Martin Buber organisiert wurden und ebenfalls die Krisenbewältigung in Europa nach dem Weltkrieg zum Ziel hatte.[17] Eine Phase der politischen und wirtschaftlichen Stabilisierung sowie internationaler Anerkennung trat aber erst 1924 unter Reichsaußenminister Gustav Stresemann ein, die bis zum Beginn der Weltwirtschaftskrise im Oktober 1929 anhielt.

---

[16] Vgl. Brigitte Zander-Lüllwitz und Jürgen Zander (2005), S. 177-179.
[17] Vgl. Martin Näf (2006), S. 308-313.

Weimar, ab 1920 Hauptstadt des neugegründeten Landes Thüringen, litt besonders unter völkischen Gruppierungen, wie z.B. dem „Deutschvölkischen Schutz- und Trutzbund", dem „Deutschvölkischen Schriftstellerverband" und dem „Bund völkischer Lehrer".[18] Auch Adolf Hitler hielt hier 1926 seinen ersten Reichsparteitag ab. Infolge der Weltwirtschaftskrise und starker Stimmenzuwächse für die NSDAP etablierte sich im Januar 1930 in Thüringen die erste Landesregierung mit nationalsozialistischer Beteiligung und im Juli 1932 eine mehrheitliche NSDAP-Regierung.[19] Die Entwicklung wurde beeinflusst vom Bruch der Großen Koalition in der Weimarer Republik im März 1930 und dem anschließenden Minderheitskabinett des Zentrumspolitikers Heinrich Brüning, der wegen der krisenhaften sozialen und wirtschaftlichen Lage im gesamten Reichsgebiet auf Notverordnungen zurückgreifen musste. Über 6,1 Millionen Menschen waren im Februar 1932 arbeitslos. Nach der Entlassung Brünings als Reichskanzler am 30. Mai 1932 folgte Franz von Papen, der die Situation ebenfalls nicht in den Griff bekam und mit dem Preußenschlag am 20. Juli 1932 den Föderalismus im Reichsgebiet mit eine staatsstreichartigen Aktion rabiat abschaffte. Die NSDAP wurde bei den Reichstagswahlen am 31. Juli 1932 mit 37,3% und am 6. November 1932 mit 33,1% der Stimmen stärkste Partei und ließ Reichspräsident Paul von Hindenburg keine andere Wahl, als Hitler nach dessen Vereinbarung mit von Papen am 30. Januar 1933 zum neuen Reichskanzler zu ernennen.

2.2   Kunst und Kultur in der Weimarer Republik

In der zweiten Hälfte des 19. Jahrhunderts und zu Beginn des 20. Jahrhunderts fanden eine Reihe von Gründungsvorgängen in Weimar statt, die die kulturelle Ausstattung und Attraktivität der Stadt erheblich bereicherten. Insbesondere sind zu nennen:[20]

---

[18]   Vgl. Justus H. Ulbricht (1998), S. 161.
[19]   Vgl. Dieter Borchmeyer (1994/1998), S. 55.
[20]   Vgl. Lothar Ehrlich u. Jürgen John (1998), S. XVII.

Großherzoglich Sächsische Kunstschule (1860), Allgemeiner Deutscher Musik-Verein (1861), Deutsche Shakespeare-Gesellschaft (1864), Großherzogliches Museum (1869), Orchesterschule (1872), Goethe-Nationalmuseum (1885), Goethe-Archiv, später Goethe- und Schiller-Archiv (1885), Goethe-Gesellschaft (1885), Liszt-Museum und Liszt-Stiftung (1887), Schiller-Stiftung als dauernder Vorort (1890), Nietzsche-Archiv (1896), Großherzogliches Museum für Kunst und Kunstgewerbe (1903), Allgemeiner Deutscher Künstlerbund (1903) und Großherzogliche Kunstgewerbeschule (1907).

Einige Wochen nach Eröffnung der verfassungsgebenden Nationalversammlung gründete Walter Gropius das Weimarer Bauhaus durch den Zusammenschluss bestehender Institutionen. Bis zu dessen Übersiedlung nach Dessau im Jahr 1925 wirkten in Weimar u.a. die renommierten Künstler Paul Klee, Wassily Kandinsky, Oskar Schlemmer, Lyonel Feininger, László Moholy-Nagy und Gerhard Marcks, die die Bauhausidee von der Einheit der bildenden Künste europaweit publik machten. Enge Beziehungen zu der Institution unterhielt der Direktor der Kunstsammlungen zu Weimar, Wilhelm Köhler, der Anfang der 20er Jahre im Thüringischen Landesmuseum (vorher Großherzogliches Museum) ein beeindruckendes Forum zeitgenössischer Kunst schuf. Bedeutsam war in dieser Zeit auch der Internationale Konstruktivisten- und Dadaisten-Kongress, der im September 1922 in der Stadt tagte.[21] Ab 1925 vermittelte man den Weimarer Geist in einer attraktiven Weimarer Woche. Klassische Konzert- und Theateraufführungen, ansprechende Vortragsveranstaltungen und historische Ausstellungen in den Archiven und Museen der Stadt bildeten eindrucksvolle Programmpunkte. Eine größere Anzahl von Schriftstellern unterstützte diese Aktivitäten und versuchte, mit einer Aufarbeitung der Antike und deren ethischen und ästhetischen Werten das humanistische Gegenwartbild in der Republik neu zu beleben. Sie knüpften an die Weimarer Klassik an, in der die

---

[21] Vgl. Gerda Wendermann (2004), S. 37-41.

Akteure Lyrik und Erzählkunst nach antiken griechischen und römischen Vorbildern in vollendeter Harmonie von Natur, Kunst und hehrem Menschentum gestalteten.[22] Etliche Goethe-Forscher äußerten jedoch auch Kritik am neuen Geist von Weimar. Sie beanstandeten vor allem die Rückkehr zu dem ideellen Fundament des deutschen Kaiserreichs, in dem Goethe öfter als Genius des feudalen Reichs bezeichnet wurde. Gravierend für die folgende Entwicklung war indes die permanente Diffamierung der Kunst-, Kultur- und Bildungspolitik der Republik durch extrem chauvinistisch gesinnte Organisationen und Anhänger einer völkischen Literaturwissenschaft. Sie setzte lange vor der Regierungsbeteiligung der Nationalsozialisten in Thüringen ein und gipfelte in einem skandalösen Antisemitismus gegenüber jüdischen Akteuren. Der ab 1930 verantwortliche NSDAP-Landesminister für Volksbildung und Inneres, Wilhelm Frick, unterdrückte darüber hinaus jegliche moderne Kunstentwicklung, rückte unästhetische Objekte in den Vordergrund und merzte eine wertbeständige Kultur- und Bildungspolitik systematisch aus. Mit seinem grundlegenden Erlass »Wider die Negerkultur – Für deutsches Volkstum« legte er die Richtung der neuen Ideologie fest.[23]

2.3 Das geistige Leben der Weimarer Klassik

2.3.1 Die Tafelrunde der Herzogin Anna Amalia und die Zusammenkünfte weiterer bedeutender Frauen

Von Anna Amalia (1739-1807), Herzogin von Sachsen-Weimar-Eisenach, gingen wesentliche Impulse zur Gestaltung des geistigen und literarischen Lebens in Weimar aus. Nach dem frühen Tod ihres Gatten, Herzog Ernst August II. Konstantin, übernahm sie von 1758 bis 1775 die Regentschaft für ihren minderjährigen Sohn Carl August. Ab September 1772 betraute

---

[22] Vgl. Holger Dainat (1998), S. 109-117.
[23] Vgl. Gerda Wendermann (2004), S. 42.

sie den Schriftsteller und Erfurter Philosophieprofessor Christoph Martin Wieland mit der Erziehung des Erbprinzen und ab Juli 1774 den lyrisch begabten Offizier Carl Ludwig von Knebel mit der Erziehung ihres zweiten Sohns Constantin. Von Knebel besuchte Goethe noch im gleichen Jahr in Frankfurt am Main, freundete sich mit ihm an und trug mit dazu bei, dass der Dichter des „Werther" im November 1775 auf Einladung von Carl August ebenfalls nach Weimar umzog. Mit Unterstützung Anna Amalias und des jungen Herzogs gelang Goethe in den nächsten Jahren ein Aufstieg in der Verwaltung des Herzogtums bis zum Geheimrat und Finanzminister (1782).

Im zunächst nur für Mitglieder der Hofgesellschaft offenen Zirkel von Anna Amalia wurde schon in den fünfziger Jahren viel musiziert. Die Herzogin selbst spielte Cembalo, Klavier, Harfe und Gitarre und versuchte sich zudem als Komponistin. Daneben bereicherten anspruchsvolle Hofkonzerte und Darbietungen von Theater- und Schauspielgruppen das kulturelle Leben der Stadt, zu deren Theateraufführungen und Singspielen an mehreren Wochentagen auch das bürgerliche Publikum Zutritt hatte. Anna Amalia öffnete nach dem Regierungsantritt von Carl August ihre mittlerweile literarisch-musikalische Tafelrunde auch für bürgerliche Künstler und Autoren beiderlei Geschlechts sowie für einige Wissenschaftler, die überwiegend an der Jenaer Universität lehrten. Goethe, Wieland, von Knebel und der Theologe und Philosoph Johann Gottfried Herder, der 1776 auf Vermittlung Goethes als geistlicher Amtsträger (Generalsuperintendent) nach Weimar kam, standen alsbald im Mittelpunkt des Kreises. Exzellente Teilnehmer der Tafelrunde, die sich im Wittumspalais, in den Schlössern Ettersburg, Tiefurt oder Belvedere und in den idyllischen Park- und Gartenlandschaften der Schlossanlagen trafen, waren zudem die sehr populäre Sängerin Corona Schröter und der Komponist Carl Friedrich Sigismund von Seckendorff.

Goethe zog sich in den achtziger Jahren nach und nach aus der Tafelrunde zurück, die durch den Umzug von Corona Schröter nach Ilmenau einen weiteren Verlust erlitt. Dennoch bewahrte der Kreis auch um 1800 noch seine Attraktivität und begeisterte mit musikalischen Darbietungen. Erst gegen Ende des Lebens von Anna Amalia setzte ein Auflösungsprozess ein.[24] Neben der Herzogin gab es in dieser Zeit etliche musikalisch, literarisch und künstlerisch begabte Damen in Weimar, von denen einige auch zu Teegesellschaften, Debattierkränzchen, Diners mit Lesezirkeln und Hauskonzerten einluden. Dazu gehörten die Hofdame Luise von Göchhausen, die Gemahlin des ehemaligen dänischen Außenministers, Charitas Emilie Gräfin von Bernstorff, Goethes langjährige platonische Freundin, Charlotte von Stein, sowie die Schriftstellerinnen Johanna Schopenhauer und Caroline von Wolzogen. Daneben machten sich die Malerinnen Louise Seidler und Caroline Bardua, die Sängerin Caroline Jagemann und die Schriftstellerinnen Anna Amalia von Imhoff und Bettina von Arnim in der Weimarer Klassik einen Namen und standen auch mit Goethe zeitweise in Verbindung. Zu den Förderern der mit Charlotte von Stein verwandten Anna Amalia von Imhoff gehörte ebenso Schiller.

2.3.2 Goethe, Schiller und ihr engeres Beziehungsgeflecht

Friedrich Schiller kam im Juli 1787 für zwei Jahre nach Weimar und schloss Bekanntschaft mit Wiegand, Herder und von Knebel. Die in der Salonszene bewanderte Schriftstellerin Charlotte von Kalb und seine spätere Ehefrau Charlotte von Lengefeld führten ihn in die höfische Gesellschaft ein, in der er sich auf Dauer jedoch nicht besonders wohlfühlte. Dies lag sicherlich auch daran, dass dem Dichter der Freiheit die angemessene Ehrerbietung durch Herzog Carl August wegen seiner bürgerlichen Herkunft und der Skepsis gegenüber seinen revolutionären Dramen zumindest bis zu seiner Standeserhöhung im Jahr 1802 verwehrt blieb.[25] Auch seine Ernennung zum außerordentlichen Professor in Jena (1789) und die 1794

---

[24] Vgl. Wolfram Huschke (1982), S. 14-23 u. 40.
[25] Vgl. Eike Wolgast (1990), S. 14-21.

ihren Anfang nehmende außergewöhnliche Freundschaft mit
Goethe änderte nichts an diesem Sachverhalt.

Goethe und Schiller pflegten in der Folge einen in der Literatur-
geschichte beispiellosen geistreichen Austausch ihrer schrift-
stellerischen Gedanken und Werke, bei dem insbesondere auch
das Verhältnis von Mensch, Umwelt und Naturwissenschaft und
die Naturverehrung Goethes eine bedeutende Rolle spielte.
Schillers Betätigung als Herausgeber der Zeitschrift „Die
Horen" (1795-1797) und der poetischen Sammlung „Musen-
Almanach" (1796-1800), zu denen u.a. Wilhelm und Alexander
von Humboldt, Johann Gottlieb Fichte, Karl Ludwig von
Knebel, Friedrich Hölderlin und August Wilhelm von Schlegel
Beiträge lieferten, förderten den Dialog. Nach Umzug des
kränkelnden Schiller von Jena nach Weimar im Jahr 1799
vertieften sich auch die persönlichen Kontakte zu Goethe. Der
große Dramatiker fühlte sich besonders vom Weimarer Theater
angezogen, dessen künstlerische Leitung Goethe seit 1791 als
Intendant ausübte und dabei auch Schillers Werke uraufführte.
Die Zusammenarbeit der beiden Schriftsteller mit dem Maler
und Kunstgelehrten Johann Heinrich Meyer in dem Zirkel „Die
Weimarischen Kunstfreunde" dürften Schillers Entscheidung für
den neuen Wohnort ebenfalls beeinflusst haben. Diesem
Gremium, das sich vorrangig mit der griechischen Antike
befasste, schloss sich später noch der Kunsthistoriker Carl
Ludwig Fernow an. Kunsttheoretische Forderungen und
Studien, regelmäßige Ausstellungen in Weimar und Preisauf-
gaben aus der antiken Literatur und Mythologie als Wettbewerb
für bildende Künstler standen in den Jahren 1799 bis 1805 im
Mittelpunkt der Betätigung.[26] Schillers Gedichte „Die Götter
Griechenlands" (1788) und „Die Künstler" (1789) sowie
Goethes von Architektur, Baukunst und schöpferischem
Weitblick beflügelte Reisen in weite Teile Deutschlands, der
Schweiz und Italiens bekundeten bereits frühzeitig die außer-
ordentliche Wertschätzung der Dichterfreunde für Kunst und

---

[26] Vgl. Ilse-Marie Barth (1971), S. 76-78.

Antike. Goethes langjährig angelegte wertvolle Kunstsammlung mit Gemälden, Handzeichnungen, Druckgraphiken, Plastiken, Medaillen und kunsthandwerklichen Objekten, die mit seiner naturwissenschaftlichen Sammlung eng verwoben war, ist hierfür ebenso ein deutlicher Beleg.[27] Zahlreiche Konsultationen Goethes mit namhaften, oft jüngeren Künstlern und die Bemühungen der Dichterfreunde um die Einrichtung eines Kunstmuseums in Weimar als bildungsanregende Institution förderten zudem in dieser Zeitspanne maßgeblich das bürgerliche Kunstverständnis und die Anerkennung der Kunstgeschichte als wissenschaftliche Disziplin.[28]

Herder, Wieland und Wilhelm von Humboldt zählten zu den bedeutendsten gemeinsamen Weggefährten Goethes und Schillers. Herder prägte mit seinem Weltbild und mit seiner Denkweise die europäische Geistesgeschichte bis in die Gegenwart. Sein berühmtes Werk „Ideen zur Philosophie der Geschichte der Menschheit" (1791) gibt einen breit gefächerten Überblick über historische Gegebenheiten und liest sich wie ein Lehrbuch der Humanität. Seine besondere Leidenschaft galt der Musik. Mit seiner 1778 publizierten Volksliedsammlung schuf er ein fundamentales Werk, das für Gemeinschaftsgeist und Ethos in Schulen, Vereinen und Kirchen richtungsweisend war.[29] Vornehmlich Goethe, der sich mit Herder in aller Ausführlichkeit über den ästhetischen und philosophisch-pädagogischen Gehalt der Tonkunst und die Beziehungen von Sprache, Poesie und Musik auseinandersetzte,[30] nutzte die Sammlung für sein literarisches Werk.[31] Eine in den neunziger Jahren sich andeutende Entfremdung zwischen den beiden Dichtern hielt bis zum Tode Herders im Jahr 1803 an.

Wieland zählte zu den herausragenden Schriftstellern der Aufklärung und beeinflusste das Geistesleben in Deutschland im 18.

---

27 Vgl. Jochen Klauß (1989), S. 25.
28 Vgl. Erik Forssman (1999), S. 308.
29 Vgl. Gabriele Busch-Salmen (1998), S. 79-84.
30 Vgl. Wolfram Huschke (1982), S. 22 u. 60.
31 Vgl. Guido Bimberg (1997), S. 75 u. 151.

und beginnenden 19. Jahrhundert. An den von ihm herausgege-
benen Literaturzeitschriften „Der Teutsche Merkur" (1773-
1789) und „Der Neue Teutsche Merkur" (1790-1810) arbeiteten
zahlreiche bekannte Wissenschaftler und Schriftsteller mit. Der
junge Goethe sah ihn als literarisches Vorbild an.[32] Von der
späteren engen poetischen Zusammenarbeit konnten beide
außerordentlich profitieren. Wieland bewunderte die Kraft und
Vitalität der Musik und etablierte die ausgiebige Mozartpflege
in Weimar und in Lauchstädt. Nach einer begeistert aufgenom-
menen Aufführung des Singspiels „Die Entführung aus dem
Serail" im Jahr 1785 wurden unter Goethes Theaterleitung ab
1791 alle namhaften Mozart-Opern dargeboten.[33] Er förderte
zudem mit seinem Libretto zu Anton Schweitzers Oper
„Alceste" nachdrücklich das deutsche Singspiel. Besonders begeistert war er von der „Realität der theatralischen Pantomime".
Wieland trug viel zum Ideenreichtum der Weimarer Klassik bei,
die Tanz und Maskerade für vielfältige Präsentationen nutzte
und, wie beispielsweise Schiller, das Tänzerische als „Symbol
für die Schönheit des schöpferischen Spiels der Kunst" pries.[34]
Der Bildungsreformer und Politiker Wilhelm von Humboldt
zählte zu den angesehensten Akteuren im Umfeld der Weimarer
Klassik. Mit seinen Humanitäts- und Bildungsidealen, die auch
heute noch wertvolle Denkanstöße vermitteln, erfüllte er den
Dialog mit Goethe, Schiller und ihren literarischen Freunden mit
Leben. Während er jedoch die Privatsphäre des einzelnen und
die Verwirklichung eines individuellen Ideals besonders betonte,
stellten vor allem der ältere Goethe und für gewöhnlich auch
Schiller vertiefte Reflexionen über das Individuum und ein ge-
sellschaftlich-politisches Humanitätsideal an. Schiller gab in
seinen Briefen „Über die ästhetische Erziehung des Menschen"
Anregungen, wie der Mensch sich in einer solchen Gesellschaft
verantwortungsvoll entfalten kann.[35] Humboldt war ein liberales

---

[32] Vgl. Volker C. Dörr (2007), S. 35.
[33] Vgl. Gero von Wilpert (1998), S. 723 u. 724.
[34] Vgl. Gabriele Busch-Salmen u. Walter Salmen (1998), S. 114-117.
[35] Vgl. Jürgen Kost (2004), S. 55, 166 u. 271.

Urgestein, er trat für die Selbständigkeit und Selbstverant-
wortung des Staatsbürgers ein. Als Leiter der Sektion für Kultus
und Unterricht im preußischen Innenministerium und Begründer
der Berliner Universität (1810) ließ er nichts unversucht, den
staatlichen Einfluss im Bildungssektor auf das unbedingt Not-
wendige zu beschränken und das eigenverantwortliche Handeln
der Institutionen zu fördern.[36] Als Gesandter verbreitete er in
Wien, London und anderen europäischen Hauptstädten zwischen
1810 und 1819 ein freiheitliches und humanes Leitbild und
unterstützte damit auch die menschenfreundlichen Anschauun-
gen seiner Dichterfreunde.

Um 1800 wurden die aufklärerischen Texte Wielands zuneh-
mend als unzeitgemäß bewertet. Da auch Herder und Schiller
Anfang des 19. Jahrhunderts starben, wurde neben Wilhelm von
Humboldt und Ludwig von Knebel auch Carl Friedrich Zelter
ein enger Verbündeter Goethes. Von Knebel faszinierte mit
seiner Lyrik und übersetzte u.a. das in Weimar aufgeführte
Drama „Saul" des Italieners Vittorio Alfieri ins Deutsche.[37] Der
naturverbundene Dichter, der bis ins hohe Alter in besonderer
menschlicher Nähe zu Goethe stand, überlebte diesen um zwei
Jahre. Carl Friedrich Zelter, Komponist und Musikorganisator,
leitete u.a. ab 1800 die Berliner Singakademie und ab 1822 das
von ihm gegründete Königliche Institut für Kirchenmusik. In
den neunziger Jahren schrieb er Kompositionen für Schillers
Musenalmanach und erweckte damit auch Goethes Interesse.
Auf Einladung der beiden Dichter kam er 1802 nach Weimar
und fand mit seinem sympathischen Wesen sogleich Anschluss
in der Weimarer Gesellschaft.[38] Er vertonte zahlreiche Gedichte
Goethes und wurde in der Nachfolge des Komponisten und
Schriftstellers Johann Friedrich Reichardt dessen unverzicht-
barer Berater in allen musikalischen Angelegenheiten. Der von
der Musik Johann Sebastian Bachs, Georg Friedrich Händels

---

[36]   Vgl. Dieter Borchmeyer (1994/1998), S. 306-308 u. 318.
[37]   Vgl. Fritz Kühnlenz (1993), S. 78.
[38]   Vgl. Fritz Kühnlenz (1993), S. 127.

und Franz Joseph Haydns faszinierte Zelter bestärkte die Aus-
strahlungskraft Händels auf Goethe, der bereits Aufführungen
des „Alexanderfest" (1780) und des „Messias" (1781) bei Anna
Amalia miterlebt hatte. Auch Bachs Musik brachte er dem
Dichter näher, der schon seit einigen Jahren dessen Werke durch
Darbietungen des Berkaer Pianisten und Organisten Johann
Heinrich Schütz kannte und schätzte. Dazu trug auch ein
Schüler Zelters, der junge Felix Mendelssohn-Bartholdy, bei,
der bei seinen mehrmaligen Aufenthalten im Goethe-Haus mit
seinen Bach-Interpretationen zu begeistern wusste.[39] Der
Dichter profitierte von weiteren Musikkoryphäen. Neben Mozart
waren es vor allem Ludwig van Beethoven, Franz Schubert und
Johann Nepomuk Hummel. Beethoven zählte Goethe und
Schiller zu seinen „Lieblingsdichtern" und kreierte mit seiner
9. Sinfonie zu Schillers Gedicht „Ode an die Freude" die
Europahymne der Neuzeit.[40] Auch der lange von Goethe
verkannte, jugendliche österreichische Komponist Schubert
vertonte Verse der beiden Dichterfreunde. Hummel, ein Mozart-
Schüler, war seit 1819 Hofkapellmeister in Weimar und spielte
öfter bei gesellschaftlichen Anlässen in Goethes Haus am
Frauenplan, das sich seit 1810 zu einem Treffpunkt von
Künstlern, Philosophen, Musikern, Naturwissenschaftlern und
anderen Intellektuellen entwickelt hatte, am Flügel.
Nach Goethes Tod prägte vor allem der ungarische Komponist
und Pianist Franz Liszt das Musikleben im nachklassischen
Weimar. Der berühmte Klaviervirtuose und spätere erste
Präsident der neugegründeten Budapester Musikakademie leitete
ab 1841, wie auch sein namhafter französischer Kollege Hector
Berlioz, zahlreiche Konzertveranstaltungen in der seit 1815
großherzoglichen Residenzstadt. Von 1848 bis 1861 lebte Liszt
in Weimar und führte in dieser Zeit die Opern „Tannhäuser",
„Lohengrin" und „Der fliegende Holländer" seines Freundes
und späteren Schwiegersohns Richard Wagner auf. Seine hohe

---

[39]   Vgl. Joseph Müller-Blattau (1969), S. 13 u. 22.
[40]   Vgl. Wolfgang Osthoff (2007), S. 193.

Wertschätzung der Weimarer Klassik zeigte sich in phantasie-
vollen Bühnenmusiken zu den Schauspielen Goethes, Schillers
und Herders und in einer Denkschrift zur Errichtung einer
Goethe-Stiftung in der Stadt.[41] Am 28. August 1867, Goethes
118. Geburtstag, begeisterte er Zuhörer aus ganz Europa mit
einer glanzvollen Aufführung seines Oratoriums „Die Legende
von der heiligen Elisabeth" auf der Wartburg bei Eisenach.[42]
Die philosophische Denkweise und Lebenseinstellung Goethes
fand ihren Niederschlag in den „Gesprächen mit Goethe in den
letzten Jahren seines Lebens" (1836 u. 1848) von Johann Peter
Eckermann, Goethes engem persönlichen Mitarbeiter. Goethe
bestimmte ihn zusammen mit seinem Berater in wissenschaft-
lich-editorischen Fragen, Prof. Friedrich Wilhelm Riemer, zum
Herausgeber seines literarischen Nachlasses.

---

[41] Vgl. Wolfram Huschke (1982), S. 41, 116-121 u. 159.
[42] Vgl. Klaus Günzel (2001), S. 156 u. 157.

3. Goethes Gesellschaftsroman „Wilhelm Meisters Wanderjahre oder die Entsagenden"

3.1 Gesamtwerk Wilhelm Meister

Den beiden Romanen „Wilhelm Meisters Lehrjahre" und „Wilhelm Meisters Wanderjahre oder die Entsagenden" ging die zwischen 1777 und 1785 entstandene fragmentarische Fassung des Theaterromans „Wilhelm Meisters theatralische Sendung" voraus. Goethe stellte den Text später um und berücksichtigte ihn bei den ersten fünf Büchern des Lehrjahr-Romans, den er 1795/96 veröffentlichte. Die „Lehrjahre" sind ein klassischer deutscher Bildungsroman, der den Lebensweg des Kaufmanns-sohnes Wilhelm Meister, vom leidenschaftlichen Theatermann bis zur gesellschaftlichen Etablierung mit Verlobung, Vater-schaft und sozialer Gewissenhaftigkeit schildert. Allerlei Novel-lenhaftes, Liebesgeplänkel, Adelsepisoden und das für die geistes- und kulturgeschichtliche Epoche der Aufklärung typi-sche Netzwerk einer freimaurerähnlichen Loge (Turmgesell-schaft), die auch den Lebensweg Wilhelms begleitet, runden in weiten Teilen die Erzählung ab. Im siebten und achten Buch vollzieht sich ein von der Französischen Revolution beeinfluss-ter grundsätzlicher Wandel zu einem Sozialroman, der bevor-stehende soziale Reformen erahnt und bekundet, dass die frei-sinnigen Mitglieder der Turmgesellschaft das durch Standes-gegensätze gekennzeichnete feudale Staatswesen reformieren wollen.[43] Wegen der Bedrohung ihrer Besitztümer durch die sich verschärfende Welthandelssituation wollen sie zudem ihre Organisation in eine internationale Sozietät umwandeln, um sich bei der Suche nach einer günstigeren Existenzgrundlage im Ausland gegenseitig abzusichern.

Die erste Fassung der „Wanderjahre" wurde 1821 in 18 Kapiteln und die zweite Fassung nach beträchtlicher Umarbeitung und Erweiterung 1829 in drei Büchern mit jeweils mehreren

---

[43] Vgl. Carsten Rohde (2008), S. 175.

Kapiteln veröffentlicht. Letztere ist Gegenstand der folgenden Darlegungen.

3.2 Literarische Einordnung und Romanstruktur der „Wanderjahre"

Die literarische Zuordnung der „Wanderjahre", die inhaltliche und personelle Bezüge zu den „Lehrjahren" aufweisen, änderte sich im Lauf des 20. Jahrhunderts. Unter anderem wurden sie angesehen als mit Legenden und Novellen angereicherte Rahmenerzählung, Lehr- oder Weisheitsbuch, Archiv- und Zeitroman, lehrhafter Sozialroman oder schließlich als bedeutender Gesellschaftsroman. Auch die letzte Einordnung führte zu stark voneinander abweichenden inhaltlichen Interpretationen, die von einer „Bejahung der historischen und theoretisch-ideologischen Entwicklung" bis zur massiven Gesellschaftskritik reichten. Dabei bestand jedoch Einvernehmen, dass in dem Werk nicht das Individuum, sondern ein breit gefächerter, gesellschaftlicher und historischer Prozess im Vordergrund steht. Die Deutung als Roman, der sich mit der Modernisierung und den Möglichkeiten und Grenzen der bürgerlichen Emanzipationsbewegung zu Beginn des 19. Jahrhunderts kritisch auseinandersetzt und dabei zeitgeschichtliche Analysen und utopische Ausblicke ausgewogen verbindet, hat sich inzwischen durchgesetzt.[44] Zur Darstellung der Zusammenhänge und Probleme wich Goethe mit künstlerischem Geschick von der herkömmlichen Romanstruktur ab. Sein Werk ist keine systematische ganzheitliche Betrachtung. Es beinhaltet eine Ansammlung von Erzählungen, die vor allem im Stoffgehalt, in der geschichtlichen Relevanz, in der kulturellen Zuordnung und Wertigkeit sowie in der Darstellungsform voneinander abweichen. Er wählte diesen Weg, um die Vielschichtigkeit der Einflüsse in einer Umbruchsgesellschaft zu verdeutlichen. Wilhelm ist im Roman ein Bindeglied und wichtiger Darsteller

---

[44] Vgl. Waltraud Maierhofer (1990), S. 17, 175 u. 218.

im Kreis der Charaktere, die durch Wanderung und/oder Entsagung zusammenkommen und die Komplikationen von Besitztum und Arbeit und den Kontrast von Tradition und Reformen widerspiegeln. In den Gesprächen und Reflexionen des Romans betreibt er intensive Feldforschung, indem er verschiedene Lebensformen erspäht oder aufgreift und oft gewissenhaft, manchmal auch ironisch, kommentiert. Die Auffassung von Jutta Heinz wird deshalb geteilt, dass der Roman mit seinen Leitideen, naturbezogenen Analysen und Sinndeutungen von „Naturphänomenen, Kunstwerken und Lebensmaximen" zahlreiche Anregungen für eine moderne Kulturwissenschaft enthält.[45] Die Altersweisheiten, die Goethe in seinen Spruchsammlungen „Betrachtungen im Sinne der Wanderer" nach dem zweiten und „Aus Makariens Archiv" nach dem dritten Buch hinzufügte, komplettieren sein hochwertiges Romankonzept und seine Didaktik, die primär nicht auf Erklärungen, sondern auf Andeutungen abzielt.[46]

3.3 Industrielle Revolution und Naturverständnis

Goethe erlebte die Anfänge der industriellen Revolution in Europa mit der Erfindung der Dampfmaschine, der Inbetriebnahme einer Dampflokomotive und der ersten öffentlichen Eisenbahn in England. Er sprach von dem beginnenden Maschinenzeitalter und beobachtete aufgrund seiner beruflichen Stellung in Weimar und seines Natur- und Technikverständnisses akribisch die Entwicklung.[47] Wie nur wenige seiner Zeitgenossen sah er auch die enormen Probleme des gesellschaftlichen Umbruchs voraus und beschrieb und reflektierte sie in seinen „Wanderjahren". Danach führt der Wandel zur Bedrohung der Handwerksidylle und Verarmung ganzer Berufsstände, zur Kollektivierung und Spezialisierung, zu einförmigen Lebensformen und zu einer Reduzierung und Ausbeutung von

---

45 Vgl. Jutta Heinz (2006), S. 318, 454 u. 488-490.
46 Vgl. Gonthier-Louis Fink u.a. (Hrsg.) (1991), S. 991 u. 1166.
47 Vgl. Richard Meier (2002), S. 13.

Natur und Naturressourcen. Durch die Modernisierung und Kapitalisierung gewinnt zudem das Leistungsprinzip an Bedeutung und damit das vernunftbezogene Denken und Streben nach Reglementierung und „Aneignung der Welt". An die Stelle einer ungezwungenen Lebensweise tritt eine vielfach überzogene Zweckrationalität, die in einer Bemächtigung von Mensch und Natur mündet und auch die schöpferischen Fertigkeiten von Kunst und Musik beeinträchtigt.[48]

Der Roman rückt den Trend zur Kollektivierung als prioritäre Maßnahme in den Mittelpunkt, um den gesellschaftspolitischen Problemen entgegenzuwirken. Das Individuum entsagt der Leitidee von Autonomie und Selbstentfaltung und dem Anspruch auf generelle Bildung. Mit spezieller Ausbildung reiht es sich in Gruppen ein, die sich durch „gemeinsame Interessen, Fähigkeiten und Neigungen" auszeichnen und in kollektiver Manier den Arbeitsprozess gestalten.[49] Aber auch die Gefühlsebene wird angesprochen. Für einige Akteure beinhaltet die Entsagung den Verzicht auf übersteigerte Leidenschaft, Spürsinn und Wunschdenken und reflektiert insoweit eine Verhaltensweise, die den Moralvorstellungen Immanuel Kants, Goethes und seiner Weimarer Freunde entspricht. Letztendlich kann sich keiner der Entsagung im Roman entziehen.

Wilhelms Wanderung spiegelt ein Mosaik von unterschiedlichen Daseinsformen im Hochgebirge, Mittelgebirge und in der ländlichen Ebene wider und veranschaulicht dabei wundersame ursprüngliche Lebensweisen und die Auswirkungen der Modernisierung auf Mensch und Umwelt. Typisch naturbelassene Darstellungen sind eher eine Rarität. Die nachgeformte Josephsfamilie im Hochgebirge lebt noch in einer heilen Welt und in Harmonie mit der Natur, die Goethe ansprechend beschreibt. Faszinierend ist ihre Darstellung am Lago Maggiore, die ein Maler mit Stimmungsbildern bekräftigt. Mignon, Hauptdarstel-

---

[48] Vgl. Michael Niedermeier (September 2005) u. Richard Meier (2002), S. 237.

[49] Vgl. Jutta Heinz (2006), S. 486 u. 487.

lerin in den „Lehrjahren", wird auf Wunsch Wilhelms immer wieder mit abgebildet und erweckt bei ihm Erinnerung und Sehnsucht an das Mädchen, das einst einem traurigen Schicksal erlag. Eindrucksvoll ist auch die Naturbeschreibung bei dem Treffen Wilhelms mit der sonderbaren Makarie und dem Astronomen . Das Gespräch auf der Sternwarte öffnet ihm die Augen für die Herrlichkeit des Weltalls und die unermessliche Ausstrahlung des Sternenhimmels und gibt den Anstoß zu seinem Traum, in dem er die auf Wolken schwebende Makarie als „erhabene heilige Gestalt" sieht. Gonthier-Louis Fink u.a. vergleichen in ihrem Kommentar die Darstellung des Poeten mit Bildern von Mariä Himmelfahrt.[50]

Im Vordergrund steht in den „Wanderjahren" jedoch nicht die beschauliche Betrachtung einer intakten Natur, sondern die von menschlichen Eingriffen veränderte Umwelt. Ökonomische Notwendigkeiten und die Entsagung des Menschen von den traditionellen Daseinsformen haben die natürlichen Gegebenheiten grundlegend verändert. Weiträumige landwirtschaftliche und gärtnerische Flächen, reichlich bebaute und unästhetisch wirkende Bezirke und Nutzungsbeschränkungen bei Bächen, Flüssen und Seen bestimmen das Landschaftsbild im Besiedlungsbereich. Besonders deutlich wird die Wandlung bei dem Geologen Jarno/Montan. Während er zu Beginn des ersten Buchs noch „den eigenen Weg zur Erdwissenschaft" erforscht,[51] arbeitet er später für die Bergbauindustrie und ist auf den Abbau von Blei und Silber erpicht. Im Revier wird er überall mit einem „derben Glückauf" begrüßt (II/10).

3.4 Wanderer und Auswanderer

Wilhelms Wanderung liegt ein Gelübde zugrunde, das er in den „Lehrjahren" gegenüber der Turmgesellschaft ablegte. Danach darf er nirgendwo länger als drei Tage verweilen. Aufgrund des

---

50   Vgl. Gonthier-Louis Fink u.a. (Hrsg.) (1991), S. 1128.
51   Vgl. Wolf von Engelhardt (2003), S. 257.

häufigen Ortswechsels kann er sich vielfältige Gesellschafts-
und Menschenkenntnisse bei der fundamentalen Umwälzung
aneignen und den Romanstoff bereichern. Gesellschaftlich bedeutsam und bezeichnend für die damalige Zeit ist im Roman
das kollektive Wandern in zwei großen Wanderbünden bezie-
hungsweise Kolonisationsunternehmen. Wegen beruflicher
Alternativlosigkeit in der Heimat möchte das eine nach Amerika
auswandern, das andere sieht eine Chance in einer abgelegenen
deutschen Provinz, in der ein Fürst ein größeres Ansiedlungs-
projekt unterstützt.[52] In beiden Fällen sind es Personen aus allen
Berufs- und Lebenskreisen, überwiegend Handwerker, die sich
den Vorhaben unter Leitung von Leonardo und Odoard
anschließen und die Turmgesellschaft aus den „Lehrjahren" in
Wanderbünde der Entsagenden umwandeln. Bei der Vorstellung
des nationalen Projekts schildert Odoard das rigorose Vorgehen
bei der Ansiedlung: „Die Natur ist durch Emsigkeit der Menschen, durch Gewalt oder Überredung zu nötigen." Eine Moral,
die kurzzeitig auch beim Gesang des Auswandererbundes offenkundig wird, als er die zerstörten sozialen Beziehungen anpran-
gert und das von Wilhelm vorgetragene romantische Wanderlied
„Von dem Berge zu den Hügeln, Niederab das Tal entlang..."
umgehend in ein „Marsch- und Arbeitslied" umdichtet.[53] Erst
durch Leonardos Appell zur Mäßigung wird der belebende Gemeinschaftsgeist des Gesangs mit aufmunternden Worten
wieder hergesellt.

3.5 Erziehungslehre und Goethes Pädagogische Provinz

3.5.1 Goethes Erziehungsideen

Wie zahlreiche Ereignisse belegen, war Goethe ein großer
Kinderfreund. Besonders deutlich wurde dies bei seinem
„Tollen und Treiben" mit Charlotte Buffs Geschwistern in

---

[52] Vgl. Dieter Borchmeyer (2002-2010), LMU-Goethezeitportal.
[53] Vgl. Günter Saße (2010), S. 207.

Wetzlar und bei seinem Umgang mit dem jungen Fritz von Stein, seinem Patenkind August Herder, den beiden Söhnen Schillers und seinem eigenen Sohn August. Er strebte die Erziehung von Kindern und Jugendlichen zu humanen Persönlichkeiten an mit der Betonung freiheitlicher Wesensmerkmale und dem Verzicht auf Zwang und Gewalt. Dabei befürwortete er eine sorgsame Erforschung der natürlichen Veranlagung mit entsprechend angepassten Erziehungsmethoden.[54] Goethe setzte sich deshalb intensiv mit der zeitgenössischen Pädagogik auseinander und verankerte sie in seinen poetischen Werken. Er analysierte, bewertete und vernetzte die wichtigsten pädagogischen Strömungen, u.a. von Erasmus von Rotterdam, Johann Ludwig Vives, Johann Amos Comenius, John Locke, August Hermann Francke, Jean Jacques Rousseau, Immanuel Kant, Johann Heinrich Pestalozzi und Philipp Emmanuel von Fellenberg, und zog dabei auch die Erfahrungen seiner Weimarer Freunde Herder, Wieland und Schiller zu Rate. Die Pädagogische Provinz in den „Wanderjahren" ähnelt den philanthropischen Erziehungsanstalten des 18. Jahrhunderts. Es deutet alles darauf hin, dass sich Goethe bei seiner Konzeption das Erziehungsmodell des Schweizers von Fellenberg in Hofwil bei Bern zum Vorbild nahm.[55]

3.5.2 Der Gehalt der Pädagogischen Provinz

Wilhelm bringt seinen Sohn Felix in der Pädagogischen Provinz unter und wird mit sehr seltsamen Lebensbildern konfrontiert. Der Leser gewinnt zunächst den Eindruck, dass es sich um eine utopische Lehranstalt handelt, die mit eine strengen Zucht und Ordnung, parodieähnlichem Lernen durch Nachahmen und Schauen und einem Übermaß an geheimnisvollen Praktiken, Ehrfurcht, Trinitarischem und Heiligtümern den Erziehungsauftrag erfüllen möchte.[56] Damit wird auch die Aussage von Wolf-

---

54 Vgl. August Nebe (1931), S. 261-267.
55 Vgl. Josef Rattner (1968), S. 120-126.
56 Vgl. Walter Beller (1995), S. 139.

Ulrich Klünker verständlich, dass in der 160jährigen Deutungs-
geschichte der Pädagogischen Provinz nur wenige Interpretationen „etwas Licht in die geheimnisvolle Erziehungsidee
Goethes bringen konnten"[57]. Bei wertneutraler Betrachtung kann
man jedoch auch dieser Lehranstalt eine Reihe von durchaus
brauchbaren Erziehungsansätzen zubilligen. Die Zöglinge
wachsen in feststrukturierten Organisationen heran und können
sich unbeeinflusst von der modernen Zivilisation in natürlicher
Umgebung entwickeln; die Erziehung orientiert sich an der
unbekümmerten Teilnahme am Gemeinwohl mit der Entwicklung von Kreativität und sozialen Fähigkeiten. Die Ausbildung
ist relativ anpassungsfähig und ausgewogen gestaltet und ermöglicht ein umfangreiches Sprachenstudium, den Kontakt zu
Tieren (Pferdezucht) und die Unterweisung in Kunst, Dichtkunst
und Musik; Chorgesang und Instrumentalmusik werden besonders gefördert und gehören zum vorrangigen Bildungsauftrag.[58]
Die Unterweisung zur Ehrfurcht fördert zudem Verantwortung
und Respekt vor den Mitschülern und vor sich selbst und kann
die Zöglinge zu pflichtbewussten Staatsbürgern erziehen. Das
Marktfest als verkleinertes Abbild des Weltmarkts unterstützt
die Bemühungen, Weltkultur und Welthandel den Knaben
näherzubringen.
Es bleibt jedoch ungeklärt, wie sich die Ausbildung mit den
Problemen auf dem inländischen Arbeitsmarkt und den Auswan-
derungsabsichten des Bundes der Entsagenden verträgt. Der die
Lebensgestaltung Wilhelms im Hintergrund lenkende Abbe,
Mitglied dieses Bundes, teilt Wilhelm mit, dass er eine dauernde
Verbindung der Pädagogischen Provinz zum Bund der
Entsagenden für höchst nützlich und nötig hält (II/7). Für Walter
Beller ist die Lehranstalt deshalb unmissverständlich „auch
Rekrutierungsanstalt und Kaderschmiede für den Auswanderer-
bund". Bei dieser Interpretation des Erziehungsauftrags erhält
der breit gefächerte ästhetische Bildungsweg wieder einen sehr

---

[57]   Vgl. Wolf-Ulrich Klünker (1988), S. 81.
[58]   Vgl. Walter Beller (1995), S. 152-158.

illusionären Anstrich und offenbart, dass abgesehen von land-
wirtschaftlicher und künstlerischer Betätigung eindeutig berufs-
bezogene Anleitungen mit Spezialkenntnissen offensichtlich im
Ausbildungsgang fehlen. Diese wären aber erforderlich, um bei
der schwierigen Arbeitsmarktlage und der um sich greifenden
Beseitigung von Zunftzwang und Konzessionswesen zu Beginn
des 19. Jahrhunderts eine spätere berufliche Ingtegration der
Zöglinge auch im Inland zu ermöglichen.

3.6   Goethe, die Bibel und die Juden

3.6.1   Goethes Religionsverständnis

3.6.1.1 Religiosität und Pietismus des jungen Goethe

Goethes Vater war ein protestantischer Konservativer und seine
Mutter verkehrte in pietistischen Kreisen. Er wurde daher streng
lutherisch mit intensiver Bibellektüre erzogen und vertiefte
seinen Religionsunterricht mit privaten Hebräischstunden. Dies
motivierte ihn bis ins hohe Alter zur Auseinandersetzung mit
religiösen Fragen. Bereits im frühen Kindesalter empfand er
eine tiefgründige gottesfürchtige Verehrung für die Schöpfung,
einschließlich Pflanzen, Tieren und der Bewegung der Sterne. In
„Dichtung und Wahrheit" beschrieb er dies wie folgt:[59]

> „Der Gott, der mit der Natur in unmittelbarer Verbindung
> stehe, sie als sein Werk anerkenne und liebe, dieser schien
> ihm der eigentliche Gott ..."

Während seiner Studienzeit in Leipzig belegte Goethe auch
theologische und philosophische Vorlesungen, pflegte Kontakte
zu mehreren Pietisten und besuchte die Herrnhuter Synode in
Marienborn in der Wetterau (1769). Nachdem er sein Studium
wegen eines Blutsturzes unterbrechen musste, war er in Frankfurt am Main dem Pietismus besonders zugänglich. Auch in

---

[59]   Johann Wolfgang Goethe (1985), S. 48.

seiner folgenden dreisemestrigen Straßburger Studienzeit wahrte er die Verbindungen zu gläubigen Zeitgenossen und verkehrte vorzugsweise mit dem reformierten Prediger und Schriftsteller Johann Caspar Lavater, mit Johann Gottfried Herder und dem Medizinstudenten und späteren pietistischen Schriftsteller Johann Heinrich Jung-Stilling. Mit einer Disputation über lateinische Thesen zu aktuellen Rechtsfragen „Positiones iuris" erwarb er 1771 das akademische Lizenziat zur Lehrbefugnis, nachdem er zuvor mit einer Dissertation über kirchenrechtliche Fragen „De legislatoribus" gescheitert war. Vom Mai bis September 1772 hospitierte er am Reichskammergericht in Wetzlar und pflegte Umgang mit dem dort ebenfalls tätigen Legationssekretär Johann Christian Kestner und dessen Verlobter Charlotte Buff, die mit ihrer Familie im Deutschen Haus (Deutschordenshof) wohnte. Seine platonische Liebe zu „Lotte" und den Selbstmord eines vertrauten Kollegen aus dem Reichskammergericht, Carl Wilhelm Jerusalem, verarbeitete er 1774 zu seinem weltberühmten Roman „Die Leiden des jungen Werther", der auch einige pietistische Gedankengänge offenbart. In den Jahren 1772 und 1773 nahm er überdies an Treffen eines Darmstädter Kreises u.a. mit dem Schriftsteller Johann Heinrich Merck und der späteren Ehefrau Herders, Caroline Flachsland, teil, der sich „Gemeinschaft der Heiligen" nannte und ihm wegen seiner Streifzüge im Taunus und im Rhein-Main-Gebiet den Namen „der Wanderer" verlieh.[60] Nach seinem Umzug nach Weimar und einem Besuch bei den Herrnhutern in der Nähe von Dessau distanzierte sich Goethe vom Pietismus, den er schon vorher mit einigen kritischen Äußerungen bedacht hatte. Dennoch findet man hin und wieder auch in seinem späteren Leben Bezüge zu dieser protestantischen Bewegung, beispielsweise bei seinen Kontakten zu August Hermann Niemeyer, einem Urenkel des Stifters des Waisenhauses in Halle a.d. Saale,

---

60　Vgl. Ursula Homann (o.J.),
　　www.ursulahomann.de/GoetheUndDieReligion/...

August Hermann Francke. Goethe besuchte das Waisenhaus und das Pädagogium am 12. Juli 1802.[61]

3.6.1.2 Goethe als Mittler der Weltreligionen

Goethe hat alle abrahamitischen Weltreligionen eingehend studiert und in seine Schriften einbezogen. Auch die Kultur und Literatur Chinas und Indiens spiegelt sich in den Religionsbezügen in seinem Lebenswerk wieder. Nach seiner Auffassung bekunden alle Weltreligionen ein inniges Verhältnis zur Entstehung und Bewahrung von Schöpfung und Natur. Diese Gläubigkeit ist auch in seinen eigenen Werken, u.a. im „Westöstlichen Divan" und in den „Noten und Abhandlungen", die sich auf geniale Weise dem orientalischen Kulturkreis widmen, zu spüren. Das bereits von den griechischen Stoikern formulierte Prinzip „der Natur gemäß leben", das auch der römische Kaiser Marc Aurel, die indische und chinesische Philosophie und in der jüngeren Geschichte besonders Comenius und Benedictus de Spinoza mit einem göttlichen Naturbezug betonten, ist auch für seine eigene pantheistische Naturverehrung bezeichnend.[62] In seinem poetischen Werk zeigt er einen Weg, wie die Schöpfungsdeutungen der Weltreligionen maßvoll und harmonisch in eine verantwortungsvolle Nachhaltigkeitsdebatte eingebracht werden können. Goethe ist nicht nur ein Mittler der Weltreligionen, sondern auch ein exzellenter Friedensstifter, der trotz Ablehnung von Dogmen und Sakramentenlehre in seinem zweiten Lebensabschnitt stets unbeirrt an seinem Gottesglauben festhielt.

3.6.1.3 Bibel und Ehrfurchtslehre in den „Wanderjahren"

In seinen „Lehrjahren" setzt Goethe insbesondere mit dem Puppenspiel über David und Goliath, der Saul-Episode und Anspielungen auf die Passionsgeschichte biblische Akzente. In den

---

[61] Vgl. August Nebe (2004), S. 20.
[62] Vgl. Carsten Rohde (2008), S. 182.

„Wanderjahren" ist die Joseph-Parodie zu Beginn des ersten Buchs eine der umstrittensten Erzählungen, da sie auch vor dem Hintergrund der Idealisierung einer alten Welt nachahmend und entfremdend wirkt. Ambitionierter erscheint hingegen die Hervorhebung zahlreicher Gemälde und anderer Kunstwerke mit religiösen Motiven in der Josephskapelle oder der Pädagogischen Provinz, da diese einprägsam alte Erzählungen und auch ethische Werte vermitteln. Am Lago Maggiore und in den musikalischen und künstlerischen Bezirken der Provinz schildert Goethe poetisch die Beziehungen zwischen Kunst und Natur und vereint bei dem fröhlichen und zugleich würdigen Gesang der Zöglinge seinen Gottesglauben mit ästhetisch-pädagogischen Maximen,[63] wie im folgenden Text veranschaulicht:

> „Wie Natur im Vielgebilde
> Einen Gott nur offenbart,
> So im weiten Kunstgefilde
> Webt ein Sinn der ew'gen Art;
> Dieses ist der Sinn der Wahrheit,
> Der sich nur mit Schönem schmückt
> Und getrost der höchsten Klarheit
> Hellsten Tags entgegenblickt." (II/9)

Beachtenswert ist die außerordentliche Bedeutung, die der ältere Goethe Jesus Christus mit seinem Wirken und Einfluss auf die Weltgeschichte beimisst. Im Gegensatz zu dessen Leidensweg, den er wegen mannigfaltigem, geschmacklosen Missbrauch eher verschleiert sehen möchte, hebt er in der Pädagogischen Provinz besonders die philosophischen Bekundungen und Appelle von Jesus hervor und gibt damit der herkömmlichen christlichen Heilslehre einen anderen Sinn.[64] (II/2)

Die Religionen werden in dem Kapitel sowohl in historischer Perspektive als auch zeitungebunden dargestellt. Sie sind eng verwoben mit der Ehrfurchtsphilosophie, die er zum eigent-

---

[63] Vgl. Gonthier-Louis Fink u.a. (Hrsg.) (1991), S. 1160.
[64] Vgl. Wolf-Ulrich Klünker (1988), S. 86 u.87.

lichen Herzstück des Erziehungsauftrags erhebt. Die drei durch Gebärden der Kinder ausgedrückten Ehrfurchten „vor dem, was über uns, was uns gleich und was unter uns ist" stellen bei ihm auch die Grundlage der ethnischen, philosophischen und christlichen Religion dar. Sie verkörpern die natürliche oder heidnische Religion der Völker, eine innerliche Religion der Herzen und den Glauben an Jesus Christus und seinen Kreuzestod.[65] Bei der ersten Ehrfurcht (was über uns ist) zielt Goethe allem Anschein nach auf eine persönliche Ehrfurcht ab, die beeinflusst vom Wanken zwischen Furcht und Freiheit bis zur freiwilligen Unterordnung reicht, bei der zweiten (was uns gleich ist) auf eine bejahende Ehrfurcht, die das Verhältnis zum Mitmenschen und zum Umfeld zum Gegenstand hat, und bei der dritten (was unter uns ist) auf eine numinose Ehrfurcht, die Armut, Leid und Elend und das Schicksal der Menschen als göttlich anerkennt und liebgewinnt.[66]

Aus den verschiedenen Arten der Ehrfurcht leitet er als Krönung die „Ehrfurcht vor sich selbst" ab, die nach dem Text eng mit dem christlichen Credo und der Lehre von der Dreieinigkeit korreliert und die Menschen zum Glauben und einer moralischen und respektvollen Lebensweise anhält. Hans Joachim Simm betont in diesem Zusammenhang Goethes „Unsterblichkeitsglauben", und Rudolf Meyer im Hinblick auf die Sternenszene, die in Wilhelm sprechende moralische Welt, die sich „der majestätischen Welt der Sternengesetze im tiefsten verwandt und ebenbürtig" erweist.[67]

Es werden vor allem drei Namen genannt, die diese Ehrfurchts- und Religionslehre nachdrücklich beeinflusst haben: Lessing, Comenius und Immanuel Kant.[68] Bei Lessing ist es die nahe Beziehung zu dessen religionsphilosophischem Hauptwerk „Erziehung des Menschengeschlechts" und bei Comenius die große Übereinstimmung mit dessen Grundbegriffen, Gedanken,

---

[65] Vgl. Hans-Joachim Simm (Hrsg.) (2000), S. 324.
[66] Vgl. Erich Franz (1932), S. 114-118.
[67] Vgl. Rudolf Meyer (1999), S. 221.
[68] Vgl. Erich Franz (1932), S. 142-150.

Zitaten und Einzelformulierungen in der „Didactica Magna" und den pansophischen Schriften.

Bei Kant sind es analoge Betrachtungen in seinem Werk „Kritik der Urteilskraft" und vergleichende Ausführungen über Christi Kreuzestod als „die höchste Darstellung des Leidens eines Menschen".

3.6.2   Goethe und die Juden

In „Dichtung und Wahrheit" berichtet Goethe auch über seine Erkundungsgänge als Jüngling in die Frankfurter Judengasse und seine ersten Eindrücke von der Enge, dem Menschengewimmel und dem Schmutz der Gassen. Voreingenommen war er durch Spott- und Schandgemälde im Umfeld und durch Erzählungen von jüdischen Greueltaten gegenüber Christenkindern. Offensichtlich obsiegte jedoch bei ihm die Hochachtung vor dem auserwählten Volk Gottes und die Neugier hinsichtlich der andersartigen Kultur und Lebensart. Dies bewog ihn zur eingehenden Ergründung von Sabbat, Laubhüttenfest, Beschneidung, Schulbetrieb und einer jüdischen Hochzeit in dem Frankfurter Viertel. Besonders angetan war er von der jüdischen Gastfreundschaft und den Sympathiebekundungen gutaussehender jüdischer Mädchen.[69]

Im späteren Leben Goethes sahen zahlreiche Schriftsteller ein ambivalentes Verhalten des Poeten zum Judentum. Ursula Homann unterscheidet drei Tendenzen:[70]

- Sein großer Respekt vor den Leistungen und der Tradition des israelischen Volks im Alten Testament
- Seine guten Beziehungen zu einzelnen Juden aus dem Kultur- und Geistesleben
- Seine allgemeinen Vorbehalte gegenüber dem zeitgenössischen Judentum und seine gelegentlich massiven Einwen-

---

[69]   Vgl. Johann Wolfgang Goethe (1985), S. 163 u. 164.
[70]   Vgl. Ursula Homann (April 2001), S. 16 u. 17.

dungen gegen deren Bemühungen um Gleichberechtigung und Assimilation in die Gesellschaft.

Goethe, der gute persönliche Beziehungen etwa zu dem jungen Felix Mendelssohn und seinen Eltern sowie zu einer ganzen Reihe bedeutender Jüdinnen pflegte, u.a. zu Dorothea Veit, Sara von Grotthuss, Rahel Levin, Marianne von Eyenberg, Rahel Varnhagen und Henriette Herz, genoss auch Jahrzehnte nach seinem Tod noch bei etlichen prominenten Juden ein hohes Ansehen. Besonders genannt seien der Herausgeber des Goethe-Jahrbuchs von 1880 bis 1913, Ludwig Geiger, der in frühen Jahren getaufte erste Präsident der 1885 gegründeten Goethe-Gesellschaft, Eduard Simson, der Autor des damaligen Bestsellers „Goethe. Sein Leben und seine Werke" (1896), Albert Bielschowsky, und die das Goethe-Bild des George-Kreises mitprägenden Karl Wolfskehl und Friedrich Gundolf. Daneben gab es in der Goethe-Rezeption jüdischer Schriftsteller jedoch auch eine ganze Reihe einflussreicher Kritiker seiner Person und seines Kults, wie beispielsweise Ludwig Börne, Kurt Tucholsky, Carl Sternheim, den Rabbiner Max Grunwald und den später zum Katholizismus konvertierten Alfred Döblin. Kontrovers entwickelte sich auch die Diskussion im aufkommenden Nationalsozialismus. Manche warnten vor der Vereinnahmung des Poeten durch die Juden, andere formten ein völkisches Goethe-Bild. Augenfällig war jedoch, dass im Goethe-Jahr 1932 etwa die jüdische Gemeinde in der Synagoge Roonstraße in Köln die 100. Wiederkehr von Goethes Todestag huldigte und auch im Haus des Rektors Coblentz vor Vertretern der Kölner Synagogengemeinde eine Goethe-Feier stattfand.[71]
Bei der unterschiedlichen Beurteilung durch jüdische Persönlichkeiten muss man Goethe, dessen mütterliche Abstammungs-

---

[71] Vgl. Wilfried Barner (1992), S. 30-44 u. Ursula Homann (April 2001), S. 14.

linie zu den Lindheimers in Wetzlar führt,[72] jedoch zugute halten, dass er gern mit der ihm eigenen spitzen Zunge formulierte und im übrigen das damals allgemein geläufige Judenbild bei seinen Ausführungen wiedergab. Dies erklärt auch seine Darlegungen in der Pädagogischen Provinz und beim Bund der Auswanderer in den „Wanderjahren". Bei der Besichtigung der Galerie wird Wilhelm gegenüber kundgetan:

> „Das israelitische Volk hat niemals viel getaugt, wie es ihm seine Anführer, Richter, Vorsteher, Propheten tausendmal vorgeworfen haben; es besitzt wenig Tugenden und die meisten Fehler anderer Völker: aber an Selbständigkeit, Festigkeit, Tapferkeit und wenn alles das nicht mehr gilt, an Zähheit sucht es seines Gleichen. Es ist das beharrlichste Volk der Erde, es ist, es war, es wird sein, um den Namen Jehowah durch alle Zeiten zu verherrlichen." (II/2)

Beim Bund der Auswanderer verweist Leonardo exemplarisch auf das Volk des ewigen Wanderns und untermalt dies mit den folgenden Worten: „Wir dürfen weder Gutes noch Böses von ihm sprechen; nichts Gutes, weil sich unser Bund vor ihnen hütet, nichts Böses, weil der Wanderer jeden Begegnenden freundlich zu behandeln, wechselseitigen Vorteils eingedenk, verpflichtet ist." (III/9) An anderer Stelle wird die Sittenlehre und christliche Religionsauffassung des Wanderbundes dargelegt und die Versagung einer jüdischen Beteiligung mit religiösen Motiven bekräftigt: „Denn wie sollten wir ihm den Anteil an der höchsten Kultur vergönnen, deren Ursprung und Herkommen es verleugnet."

Goethes reserviertes Verhalten gegenüber den Emanzipations- und Assimilationsbemühungen der Juden resultiert vermutlich aus seiner genauen Kenntnis der Jahrtausende alten kulturellen Eigenart und Lebensweise des auserwählten Volks. Die Erfah-

---

[72] Vgl. Werner Frizen (2003), S. 597 (Kommentar zu Thomas Manns Roman „Lotte in Weimar", S. 322: „vermacht von Hufschmied- und Metzgergeschlechtern").

rungen mit der Französischen Revolution dürften ihn zudem dazu bewogen haben, von einer Assimilation und der abrupten Einforderung oder Unterstützung von weiteren Freiheits- und Gleichheitsrechten Abstand zu nehmen. Seine stille Zuneigung und verantwortungsvolle Fürsorge gegenüber den Juden kommt m.E. sehr treffend in folgender beschwörender Anmerkung zur Ringparabel in Lessings „Nathan der Weise" zum Ausdruck:[73] „Möge zugleich das darin ausgesprochene göttliche Duldungs- und Schonungsgefühl der Nation heilig und wert bleiben." Mit der Parabel verdeutlicht der Jude Nathan Sultan Saladin, dass Herzensgüte, Toleranz und Humanität den wahren Charakter aller Religionen ausmachen, und dass keine der drei monotheistischen Religionen, Judentum, Christentum und Islam, für sich in Anspruch nehmen kann, die einzige Wahrhaftige zu sein.

---

[73] Johann Wolfgang Goethe (1994), S. 164.

Abbildung 2: Familie Goethe in Schäfertracht

Johann Conrad Seekatz (1719-1768),
Klassik Stiftung Weimar, Museen

4. Widerstand und Lebensbeistand im Dritten Deutschen Reich und im Exil

Aufgrund des engen Bezugs der Dichtung Goethes zur Verfolgtenhilfe, zur essenziellen Strukturierung des Widerstands und
zur humanen Weltanschauung der meisten Widerstandskämpfer
ist es opportun, das gesamte Spektrum des deutschen Widerstands im Überblick darzustellen. Dabei ist auch die jüdische
Opposition und der Emigrantenwiderstand zu würdigen. Für das
um die verfolgte jüdische Bevölkerung angelegte internationale
Netzwerk (im Folgenden: Netzwerk Verfolgtenhilfe) war es
bezeichnend, dass die Mitwirkenden oft über eine jahrhunderte-
alte, mit der Friedensethik und der humanen Lebensgestaltung
verknüpfte eigene Traditionslinie verfügten. Diese tangierte
Persönlichkeiten aus Rechtsprechung, Kirchen, Kulturwesen,
Berufsbeamtentum, Aristokratie und Staatsführung. Das Netzwerk, das nahe Beziehungen zum jüdischen Widerstand
unterhielt, kommunizierte in den Jahren des NS-Regimes mit
Teilnehmern fast aller nationalen und internationalen Widerstandskreise und half ebenso den anderen NS-Verfolgten und
Flüchtlingen. Enge Beziehungen bestanden auch zum Völkerbund, aus dem das Deutsche Reich bereits im Oktober 1933
wieder ausgetreten war.

4.1 Strukturierung und Kern des nationalen und internationalen Widerstands

4.1.1 Das ethische Fundament des Widerstands

Die Familien Schäfer/Kunze, Pech/Kraft und andere Mitstreiter
der ersten Stunde engagierten sich nach dem Deutschen Wandertag in Herborn im In- und Ausland bei der Strukturierung des
Widerstands, der in den ersten Jahren eine Eindämmung der
Verfolgung der jüdischen Bevölkerung und Hilfen bei der Auswanderung von überwiegend osteuropäischen Juden zum Ziel
hatte. Beteiligt waren neben mehreren berufstätigen Erzieherin-

nen und Familien aus der Lahn-Dill-Region u.a. auch der Bruder
Ottos, Ernst Schäfer, der am Dessauer Bauhaus studierte, ein
gleichnamiger Cousin Otto, der in Berliner Musikkreisen gut
bekannt war und als Konzertmeister und Dirigent des Sociedad
Musical „Santa Cecilia" seit Jahren in Chile lebte, der
Gartenbaudirektor Werner Dänhardt aus Dresden, der gelernte
Holzbildhauer und Hessische Innenminister (von 1928-32)
Wilhelm Leuschner, der Oberbürgermeister von Magdeburg
(von 1931-33), Ernst Reuter, der Rhodes-Stipendiat in Oxford
(von 1931-33), Adam Trott zu Solz, der Jugendreferent der
ökumenischen Bewegung Dietrich Bonhoeffer, der Botschaftsrat
an der Deutschen Botschaft in London (bis 1933), Albrecht Graf
von Bernstorff, der Präsident des Internationalen Verbands der
Völkerbundligen, Johann Heinrich von Bernstorff, der Professor
an der Pädagogischen Akademie in Halle/Saale, Adolf
Reichwein, der Geschäftsführer der Stresemann-Stiftung (von
1930-33), Hans Bernd von Haeften, sowie der Landrat des
Landkreises Schmalkalden (von 1932-33) und erste Oberbürgermeister der Stadt Frankfurt am Main nach dem Zweiten
Weltkrieg, Walter Kolb. Exkanzler Heinrich Brüning, der
Zentrumspolitiker und württembergische Staatspräsident (von
1928-33), Eugen Bolz, und der Dozent und liberale Reichs-
tagsabgeordnete Theodor Heuss zusammen mit seiner Ehefrau
Elly Heuss-Knapp formierten sich ebenfalls frühzeitig gegen
den Antisemitismus der Nationalsozialisten, auch wenn
Brüning, Bolz und Heuss trotz erheblicher moralischer Beden-
ken fatalerweise zusammen mit ihren Fraktionen dem „Ermäch-
tigungsgesetz" Hitlers am 23. März 1933 zustimmten.[74]
Mit seinem frühen Engagement und seinen Verflechtungen zu
anderen Bevölkerungsgruppen trug dieser Personenkreis jeden-
falls ohne Wenn und Aber maßgeblich mit dazu bei, dass sich
die rassistische Verfolgungspolitik der Nationalsozialisten in
den folgenden Jahren zu einem Kernanliegen fast der gesamten
deutschen Widerstandsbewegung entwickelte. Daran hatten

---

[74] Vgl. Jürgen Frölich (2004), S. 170.

auch einige anerkannte jüdische Persönlichkeiten großen Anteil, die von Anbeginn an mit ihm kooperierten. Genannt seien insbesondere Martin Buber, Leo Baeck, Nahum Goldmann und Dr. Chaim Weizmann. Der in Bildungsfragen und jüdischer Religionsethik sehr versierte Buber lehrte zunächst zusammen mit dem Religionsphilosophen Franz Rosenzweig ab 1919 am Jüdischen Lehrhaus und ab 1923 an der Universität Frankfurt am Main. In den Semesterferien führte er für höhere Studiengänge auch Seminare an der Gießener Universität durch.[75] Auf dem zwölften Zionistenkongress 1921 im böhmischen Karlsbad, Goethes Sommerresidenz, setzte er sich besonders für eine „aufrichtige Verständigung mit dem arabischen Volk" ein[76] und führte auch in den folgenden Jahren einen intensiven interreligiösen Dialog mit christlichen Theologen.[77] Leo Baeck besuchte im großpolnischen Lissa das nach Jan Amos Comenius benannte Königliche Comenius-Gymnasium; sein Vater, der Rabbiner Samuel Bäck, war Lehrer an dieser Schule. Frühe christliche und sehr tolerante Kontakte erlebte die Familie im eigenen Wohnhaus, das einem Pfarrer der calvinistischen Gemeinde in Lissa gehörte.[78] Baeck, der öfter die Zugehörigkeit Jesu zur jüdischen Gemeinde betonte und als Führungsfigur des liberalen Judentums galt, stand u.a. dem deutschen Rabbinerverband (seit 1922), der jüdischen Zentralwohlfahrtsstelle (seit 1924) und der „World Union for Progressive Judaism" (seit 1938) vor. Nahum Goldmann, der längere Zeit in Frankfurt am Main lebte und sich schriftstellerisch betätigte, war von 1926 bis 1933 Vorsitzender der „Zionistischen Vereinigung in Deutschland" und ab 1929 mit Unterbrechung Vertreter der „Jewish Agency" beim Völkerbund in Genf. Chaim Weizmann, langjähriger Professor für Biochemie in Manchester, unterstützte das Zustandekommen der Balfour-Deklaration, war Begründer der Hebräischen Universität in Jerusalem (1918) und von 1920 bis

---

75   Vgl. Armine Eleonore Steinhäuser (1992), S. 20.
76   Vgl. Gerhard Wehr (1968), S. 48.
77   Vgl. Hans Kohn (1961), S. 239.
78   Vgl. Susanne Plietzsch (2001), S. 19 u. 20.

1931 und von 1935 bis 1946 Präsident der „Zionistischen Weltorganisation". Der spätere erste Präsident Israels bekannte auf dem Delegiertentag der „Zionistischen Vereinigung Deutschlands" in Jena am 29. Dezember 1929 (Fest Davids), dass die Juden mit den Arabern in Palästina ein gemeinsames Vaterland aufbauen wollten. Dabei rückte er besonders die Verwandtschaft von Israel und Ismael in den Vordergrund seiner Ausführungen.[79] Dieses Anliegen unterstützte im Beethovenjahr 1927 auch der deutsch-jüdische Komponist Oskar Fried mit einem sinfonischen Festkonzert im Amphitheater auf dem Skopusberg, bei der 1925 eröffneten Hebräischen Universität.[80]

---

[79] Vgl. Chaim Weizmann (1930), S. 37 u. 38.
[80] Vgl. Peter Gradenwitz (1987), S. 83.

Sociedad Musical "Santa Cecilia"
CHILLAN
VELADA · FUNEBRE

TEATRO O'HIGGINS
DOMINGO 20 DE AGOSTO DE 1939
18.30 HORAS
CHILLAN

PROGRAMA

PRIMERA PARTE

1. Beethoven.— «Coriolano», Op. 62. Obertura por la Orquesta de la Sociedad Musical «Santa Cecilia».

2. Oración Fúnebre, a cargo del señor Juan M. Pérez J.

3. Haendel.— Sarabanda del Concierto en Sol menor. Cello solo. Señor Adolfo Hirschmann. Piano, señor Eulojio Fuentes G.

4. Mendelssohn.— «Es una ley del Destino». Coro a cuatro voces, por los Establecimientos de Educación Secundaria de Chillán.

5. Mendelssohn — Primer tiempo del Trío Nº 2. Op. 66 en Do menor. Piano, señora Alejandrina de González. Violín, señor Roberto González. Cello, señor Adolfo Hirschmann.

SEGUNDA PARTE

1. Beethoven. Primer tiempo de la Sinfonía Nº 5 en Do menor. Op. 67. Orquesta de la Sociedad Musical «Santa Cecilia».

2. Beethoven.— Primer tiempo del Concierto Nº 3. Op. 37, en Do menor para Piano y Orquesta. Solista, señor Eulojio Fuentes Orquesta de la Sociedad Musical «Santa Cecilia»

Dirección: Otto Schäfer H.

Abbildung 3:
Gedenkkonzert einer Jahrhundert-Erdbebenkatastrophe mit dem deutsch-chilenischen Dirigenten
Otto Schäfer am 20. August 1939 in Chillan (Chile)

Im Herborner Westerwaldverein übernahm ab 1932 Emil Kunze den Vorsitz. Er bewirkt mit, dass das aktive Wanderleben und die mit dem Deutschen Wandertag und Goethebezug initiierte Verfolgtenhilfe weitgehend unbeeinflusst von der Gleichschaltung der Vereine und der Eingliederung des „Verbandes Deutscher Gebirgs- und Wandervereine" in den „Deutschen Reichsbund für Leibesübungen" fortgesetzt werden konnte. Gute Dienste leisteten dabei zwei Cousins von Otto Schäfer, Paul und Otto Kunze, die als Briefträger in Frankfurt am Main Widerstand leisteten, und der Heimatmaler Fritz Bender, der sich sehr wirksam beim Aufbau von Beziehungen im Westerwaldverein engagierte und in der Lahn-Dill-Region auf einen großen, die Nationalsozialisten ablehnenden Freundeskreis zählen konnte. Nach der Machtergreifung Hitlers, der Zerschlagung der traditionellen Partei-, Verbands- und Vereinsstrukturen und den totalitären Ausschaltungsversuchen gegenüber den Kirchen nahm der Widerstand gegen die Nationalsozialisten bereits 1933/34 erheblich zu. Neben der international tätigen und vom NS-Regime verfolgten Naturfreunde-Organisation, einigen Gruppierungen von Edelweißpiraten und der Roten Kapelle und einem zahlenmäßig begrenzten Zusammenschluss von Physikern können bis zum Ende des Dritten Reichs insbesondere die folgenden Hauptbewegungen unterschieden werden:

- Widerstand der Gewerkschaften und der parteipolitischen Arbeitervertretung
- Kirchlicher Widerstand
- Bürgerlich-zivile und bürgerlich-konservative Widerstandskreise
- Widerstandsring „Die weiße Rose"
- Militärischer und ziviler Widerstand
- Jüdischer Widerstand
- Widerstand im Exil

Nach der Boykottierung jüdischer Geschäfte, der groß angelegten Bücherverbrennung verfemter Schriftsteller und Berufsverboten und Ausschlüssen aus Berufsorganisationen und Sportvereinen war die Verabschiedung der Nürnberger Gesetze am 15. September 1935 mit dem „Gesetz zum Schutz des deutschen Blutes und der deutschen Ehre" und dem „Reichsbürgergesetz" auf dem Nürnberger Reichsparteitag ein besonders verhängnisvoller Markstein des erbarmungslosen Verfolgungssystems. Sie bildeten die juristische Grundlage für die gesamte folgende antisemitische Hetzjagd. Kirchliche Kreise bekräftigen am gleichen Tag, der in der katholischen Liturgie dem Gedächtnis der Schmerzen Mariens gewidmet ist, ihre Ablehnung des inhumanen NS-Regimes. In Maria Martental (Rheinland-Pfalz) fand die Segnung der neuen Wallfahrtskirche und in Limburg an der Lahn ein Bundestreffen der deutschen Cäcilienchöre (Diözesanfest) anlässlich der 700-jährigen Jubiläumsfeierlichkeiten des St. Georg Doms statt.

Hitler plante bereits den nächsten Coup. Am 7. März 1936 marschierten deutsche Truppen in das entmilitarisierte Rheinland. Am gleichen Abend, als zahlreiche Bürger das Ereignis mit einer Freiheitskundgebung, Aufmärschen und einem Fackelzug vor dem Kölner Dom feierten, ging die Uraufführung des von den Nationalsozialisten aus ideologischen und eroberungstaktischen Erwägungen umformulierten Händelschen Oratoriums „Judas Makkabäus" unter dem neuen Namen „Wilhelmus von Nassauen" vonstatten. Die Veranstaltung, die abgestimmt auf das Tagesereignis, eine Hommage an den niederländischen Freiheitskämpfer Wilhelm I. von Nassau-Oranien behandelte, bewirkte allerdings auch, dass der ursprüngliche Mythos des Oratoriums von der Rettung des auserwählten biblischen Volkes vornehmlich in der Person des Vaters des Autors auflebte und die Opposition gegen die Nationalsozialisten stählte. Zu den Widerstand leistenden Persönlichkeiten gehörte der Lehrer an der Wiesbadener Oranienschule und ehemalige Frontsoldat des 1. Nassauischen Feldartillerieregiments Nr. 27, Hermann Kaiser, der in den folgenden Jahren auch mit Herborn durch enge verwandtschaftliche Beziehungen verknüpft war. Im Oktober 1934 hielt er die Festansprache bei der Enthüllung des Oraniendenkmals mit dem sich aufbäumenden Ross auf dem

Luisenplatz in Wiesbaden, das den Gefallenen des Regiments gewidmet ist. Kaiser, der die Oranieropposition in Wiesbaden und Mainz mit förderte und ab 1940 das Kriegstagebuch des Befehlshabers des Ersatzheeres, Generaloberst Friedrich Fromm, führte, nahm Anfeindungen in Kauf und verzichtete in seiner Rede auf den Namen Hitlers. Dies entsprach zu diesem Zeitpunkt seiner gewandelten Einstellung vom Anhänger zum entschiedenen Regimegegner,[81] eine Anschauung, die er mit seinen beiden Brüdern Heinrich und Ludwig Kaiser teilte.[82] Nach dem Attentatsversuch auf Hitler am 20. Juli 1944 wurden die Drei festgenommen und Hermann Kaiser am 23. Januar 1945 hingerichtet; Heinrich Kaiser überlebte zusammen mit seinem Bruder Ludwig das NS-Regime, starb aber bereits 1946 an den Folgen seiner Inhaftierung.

Am Gründonnerstag, den 9. April 1936, vermählte sich Otto Schäfer im Frankfurter Römer mit Martha Pech, die in Paris Kinder der Familie Siben und in Bad Kissingen und Frankfurt am Main Kinder der jüdischen Familie Ehrlich und der halbjüdischen Familie Oppenheimer erzogen hatte. Mit dieser Eheschließung setzten die Beiden ein Zeichen, das einige Monate nach den Nürnberger Rassegesetzen bis in den Völkerbund ausstrahlte und die Besinnung auf humanes Handeln und eine verantwortungsbewusste Ethik zum Ziel hatte. Die Verleihung des Medizin-Nobelpreises an den in Schlesien geborenen und mit Frankfurt am Main eng verbundenen Serologen Paul Ehrlich im Geburtsjahr von Martha Pech gab den Ausschlag für den überlegten Ehebund, der nachdrücklich auf die Rettung von Menschenleben hinwies. Die Nationalsozialisten ließen sich davon nicht beeinflussen. Mit der Reichskristallnacht am 9. November 1938 verletzten sie die Grundregeln des menschlichen Zusammenlebens bis ins Unermessliche. Über 100 Tote, nahezu 200 in Brand gesetzte Synagogen, 7.500 zerstörte jüdische Geschäfte und 20.000 verhaftete Juden, die anschlie-

---

[81] Vgl. Johann Zilien u. Elisabeth Abendroth (Hrsg.) (2004), S. 76 u. 77.
[82] Vgl. Gerhard Ringshausen (2008), S. 267-306.

ßend in Konzentrationslager verschleppt wurden, zeugen von dem Pogrom.

4.1.2 Widerstand der Arbeiterbewegung

Wilhelm Leuschner übernahm nach der Zerschlagung der organisierten deutschen Gewerkschaftsbewegung Anfang Mai 1933 und seiner über einjährigen Inhaftierung im KZ Lichtenburg die Führung der zersplitterten Gruppen im Untergrund, wobei ihn u.a. Hermann Maaß, Else Megelin, Max Habermann und Friedrich Ebert jun. unterstützten.[83] Die verfolgten Sozialdemokraten organisierten sich nach dem Parteiverbot am 22. Juni 1933 ebenfalls in der Konspiration. In Berlin war der Journalist und Politiker Theodor Haubach einer der engagierten Anführer. Er war befreundet mit dem im hessischen Darmstadt aufgewachsenen Journalisten Carlo Mierendorff, der, so wie auch Wilhelm Leuschner und der Chefredakteur des Lübecker Volksbotens, Julius Leber (MdR), bereits vor der Machtergreifung Hitlers gute Kontakte zum Centralverein deutscher Staatsbürger jüdischen Glaubens in Berlin unterhielt. Zahlreiche Sozialdemokraten und Gewerkschaftler gingen ins Exil nach Prag und bildeten dort bis Frühjahr 1939 ein sehr einflussreiches Zentrum der Opposition (SOPADE) mit Erich Ollenhauer, Hans Vogel, Otto Wels und anderen. Der Wetzlarer Parteisekretär Willi Knothe war einer der engagierten Verbindungsleute in die Tschechoslowakei. Gegen Ende der dreißiger Jahre wanderten die meisten Exilanten nach London ab und bildeten dort die „Union deutscher sozialistischer Organisationen" im Exilwiderstand.[84]

---

[83] Vgl. Gedenkstätte Deutscher Widerstand (2001/2006), Faltblatt 4.2, 4.10 u. 25.6.

[84] Vgl. Gedenkstätte Deutscher Widerstand (2001), Faltblatt 4.3.

4.1.3   Kirchlicher Widerstand

In der evangelischen Kirche führte die Gründung des Pfarrernotbundes im September 1933 durch Martin Niemöller und der besonders von Prof. Dr. Karl Barth mit forcierten Bekennenden Kirche Anfang 1934 zum innerkirchlichen Konflikt mit den NSDAP-hörigen Deutschen Christen. Das evangelische theologische Seminar in Herborn, das der mit einer Jüdin verheiratete Professor Wilhelm Schlosser zusammen mit den Professoren Dell und (zeitlich begrenzt) Neuser leitete, setzte in dieser schwierigen Phase seinen Lehrbetrieb fort, obwohl bereits 1935 fast alle Kandidaten zu einem illegalen Konkurrenzseminar der Bekennenden Kirche in Frankfurt am Main abwanderten.[85] Es nutzte Verbindungen zu o.a. ortsansässigen Familien und zu den illegalen Seminaren und Exponenten der Bekennenden Kirche im Deutschen Reich, um Verfolgten zu helfen und Widerstand gegen die Gewalttaten des NS-Regimes zu bekunden. Auch einige Pfarrer der evangelischen und Priester der katholischen Kirche im Lahn-Dill-Gebiet wehrten sich gegen die Nationalsozialisten und kritisierten trotz Bespitzelung und Drangsalierung vor ihren Gemeinden Rassendiskriminierung, Verfolgungsaktionen und die 1941 in Hadamar durchgeführten Euthanasiemorde. Der Limburger Bischof Antonius Hilfrich protestierte im August 1941 mit Schreiben an mehrere Reichsminister gegen die systematischen Morde in der Hadamarer Anstalt.[86] Gleichzeitig prangerte der Bischof von Münster/Westfalen, Clemens August Graf von Galen, öffentlich während des Gottesdienstes die Krankenmord-Aktionen im gesamten Deutschen Reich an.[87] Karl Barth, der den Eid auf Hitler verweigerte und auch Beziehungen nach Herborn hatte, wurde 1935 aus Deutschland ausgewiesen. Er emigrierte in die Schweiz und unterrichtete an der Hochschule in Basel. 1938 wurden seine Schriften im Deutschen Reich verboten. Mit Paul Schneider, Hilfsprediger in

---

[85]   Vgl. Wolfgang Kratz (1984), S. 148-151.
[86]   Vgl. Johann Zilien u. Elisabeth Abendroth (Hrsg.) (2004), S. 30 u. 31.
[87]   Vgl. Peter Steinbach u. Johannes Tuchel (Hrsg.) (2000), S. 137.

Essen, wurde im Juni 1939 der erste evangelische Geistliche in einem Konzentrationslager umgebracht. Ab Ende 1940 wurden die inhaftierten Geistlichen verschiedener Konfessionen und Nationen im KZ Dachau zusammengelegt, von denen über 1.000 die Befreiung des Lagers am 29. April 1945 nicht erlebten. Pfarrer Martin Niemöller, von 1924 bis 1931 Geschäftsführer der Inneren Mission in Münster/Westfalen und danach Pfarrer in Berlin-Dahlem, wurde im März 1938 festgenommen und als „persönlicher Gefangener" Hitlers zunächst im KZ Sachsenhausen und dann im KZ Dachau und anschließend in Südtirol bis zu seiner Befreiung im Jahr 1945 interniert. Besonders massiven Verfolgungsaktionen waren die gut vernetzten Jesuiten ausgesetzt, von denen sich mit Augustinus Rösch, Lothar König und Alfred Delp auch einige im bürgerlichen und militärischen Widerstand organisierten. Alfred Delp wurde am 2. Februar 1945 in Plötzensee hingerichtet.

4.1.4 Bürgerliche Widerstandskreise, militärisch-bürgerlicher Widerstand 1938

Überwiegend Mitte der dreißiger Jahre bildete sich eine Reihe im allgemeinen parteipolitisch ungebundener, bürgerlich ziviler und bürgerlich konservativer Widerstandskreise, die das menschenunwürdige Vorgehen der Nationalsozialisten gegenüber breiten Bevölkerungsschichten anprangerten und frühzeitig Kontakte zum Netzwerk für Verfolgte knüpften. Einige der Aktivisten waren auch schon vorher an der Bildung des Netzwerks beteiligt. Zu den namhaften Organisationen zählten Solf-Kreis, Kölner Kreis, Freiburger Kreis, Berliner Mittwochsgesellschaft, Strassmann-Gruppe, Kaufmann-Will-Kreis und Goerdeler-Kreis.

Der Solf-Kreis entstand aus einer kulturpolitischen Gesprächsrunde, die sich im Berliner Haus des früheren Staatssekretärs und Diplomaten, Wilhelm Solf, traf. Er kritisierte massiv die Rechtlosigkeit und Unterdrückung durch das nationalsoziali-

stische Regime und half politisch und rassistisch Verfolgten.[88]
Nach dem Tod Solfs im Jahr 1936 führte seine Tochter Hanna
die Zusammenkünfte fort, an denen u.a. der katholische Priester
Bernhard Lichtenberg, der Journalist und frühere Mitarbeiter am
Goethe-und-Schiller-Archiv in Weimar, Rudolf Pechel, der
Historiker Karl Ludwig Freiherr von und zu Guttenberg und
Adam von Trott zu Solz (seit Frühjahr 1940 im Auswärtigen
Amt) teilnahmen. Im September 1943 wurde der Kreis aufge-
deckt und die Mehrzahl der Mitglieder verhaftet, zumeist mit
Todesfolge. Der Kölner Kreis, in dem der christliche Gewerk-
schaftler Jacob Kaiser, der langjährige Präses des westdeutschen
Verbandes der katholischen Arbeitervereine, Dr. Otto Müller,
und der eng mit Brüning befreundete, ehemalige preußische
Landtagsabgeordnete Bernhard Letterhaus, mitarbeiteten, bilde-
te ein oppositionelles Netzwerk von Katholiken im gesamten
rheinländischen und westfälischen Raum. Er unterhielt auch
Kontakte zu Wilhelm Leuschner, zum Goerdeler-Kreis und zum
Kreisauer Kreis. Die Aktivisten führten bereits ab Mitte der
dreißiger Jahre Gespräche in der Zentrale der katholischen
Arbeitnehmerbewegung, dem Kölner Kettler-Haus, über eine
neue staatliche und gesellschaftliche Ordnung ohne Hitler.[89]
Etliche führende Widerstandskämpfer des Kreises wurden nach
dem 20. Juli 1944 hingerichtet.
Dem Freiburger Kreis gehörten vorrangig ordoliberale Wirt-
schaftswissenschaftler, Juristen und einige Theologen an. Er
bildete sich nach der Reichskristallnacht 1938. Zu der Bekennenden Kirche, etwa zu Dietrich Bonhoeffer, und auch zum
Goerdeler-Kreis bestanden besonders enge Verbindungen. Obwohl zahlreiche Mitglieder nach dem Stauffenberg-Umsturz-
versuch verhaftet wurden, überlebten fast alle das NS-Regime.
Die seit dem 19. Jahrhundert regelmäßig tagende Berliner Mittwochsgesellschaft mit Persönlichkeiten aus Wissenschaft und
öffentlichem Leben kritisierte in internen Gesprächsrunden die

---

[88]   Vgl. Eberhard von Vietsch (1961), S. 337.
[89]   Vgl. Hugo Stehkämper (1985), S. 141.

Nationalsozialisten und widmete sich vorwiegend kulturellen und ethischen Fragestellungen. Die Nationalsozialisten lösten die Gesellschaft nach dem Attentatsversuch von Stauffenbergs auf, da einige der Mitglieder auch mit anderen Widerstandskreisen vernetzt waren, beispielsweise der frühere Botschafter Ulrich von Hassell und der im August 1938 als Generalstabschef zurückgetretene Ludwig Beck. Die von linksliberalen Persönlichkeiten gebildete Strassmann-Gruppe um den Berliner Richter Ernst Strassmann, den Hamburger Kaufmann Hans Robinsohn und den Berliner Journalisten Oskar Stark verfasste eine Denkschrift zur Außenpolitik und Pläne für eine Nachkriegsordnung. Sie unterhielt konspirative Verbindungen zum Ausland, zur Militäropposition und zu anderen bürgerlichen Widerstandskreisen. Zu den Mitgliedern der Gruppe gehörte auch der spätere FDP-Vorsitzende und Bundesjustizminister (von 1949-1953) Thomas Dehler. Ernst Strassmann wurde 1942 verhaftet, überlebte aber das Terrorregime der Nationalsozialisten.[90]

Der Gießener Kaufmann-Will-Kreis um den zunächst in die NSDAP eingetretenen Theologen Dr. Alfred Kaufmann und den Kunstmaler Heinrich Will war mit der Gießener Universität und der Altherrenschaft der christlichen Studentenverbindung des Gießener Wingolf gut vernetzt, die mehrere Pfarrer zu ihren Mitgliedern zählte. Nach der Verleumdung des Kreises im Februar 1942 wegen Regimekritik und des Abhörens von Feindsendern wurden der mit der jüdischen Industriellentochter Elisabeth Henriette Klein verheiratete Heinrich Will und Pfarrer Ernst Steiner vom Wingolf von den Nationalsozialisten umgebracht. Dr. Kaufmann, der in früheren Jahren Lehrer an der deutschen Schule in Alexandria war und auch den späteren Stellvertreter Hitlers, Rudolf Hess, unterrichtete,[91] wurde zu lebenslanger Haft verurteilt. Weitere Mitglieder der Organisation erhielten ebenfalls lange Zuchthausstrafen.

---

90 Vgl. Wolfgang Benz (2000), S. 32 u. 33.
91 Vgl. Jörg-Peter Jatho (1998), S. 6-8.

Im Kreis um den früheren Leipziger Oberbürgermeister Carl Friedrich Goerdeler versammelte sich eine größere Anzahl konservativer Widerstandskämpfer. Goerdeler hatte wegen Abrisses des Leipziger Denkmals von Felix Mendelssohn-Bartholdy durch die Nationalsozialisten im November 1936 seinen Rücktritt erklärt und ab Mitte 1937 eine internationale Beratertätigkeit im Bosch-Konzern in Stuttgart aufgenommen. Zu seinen engeren Verbündeten zählten der preußische Finanzminister Johannes Popitz, Ulrich von Hassell, der Reichsgerichtsrat Hans von Dohnanyi und einige judenfreundliche führende Bosch-Mitarbeiter, darunter Robert Bosch und Hans Walz. Auch Leo Baeck und Wilhelm Leuschner schmiedeten Kontakte zu diesem Kreis, der das Netzwerk für Verfolgte wirksam vergrößerte.[92]

Nach der 1938 erkennbar werdenden Kriegsgefahr wegen der Sudetenkrise assoziierten sich die Aktivisten des Kreises mit führenden Militärs und Geheimdienstlern, z.B. mit Ludwig Beck, seinem Nachfolger als Generalstabschef, Franz Halder, und mit einem Kreis von Verschwörern im Amt für Ausland/ Abwehr um Hans Oster, und planten im Fall der deutschen Mobilmachung gegen die Tschechoslowakei einen Umsturzversuch. Nach dem Münchner Abkommen vom 29. September 1938, das die Abtretung des von Deutschen bewohnten Grenzgebiets (Sudetenland) an das Deutsche Reich regelte, wurden die Planungen jedoch wieder eingestellt.

4.1.5 Widerstand der „Weißen Rose"

Im Anschluss an die deutsche Besetzung des verbliebenen tschechischen Staatsgebiets am 15./16. März 1939, den Angriffskrieg gegen Polen am 1. September 1939, den mehr oder weniger umkämpften Einmarsch deutscher Truppen in Dänemark, Norwegen und weiten Teilen Westeuropas im Jahr 1940 sowie den Angriffsfeldzug gegen Russland am 22. Juni 1941 legte die

---

[92] Vgl. Avraham Barkai (2001). S. 92 u. 93.

Wannseekonferenz auf Staatssekretärsebene die Durchführungs-
modalitäten für die Endlösung der Judenfrage fest. Sie gab den
letzten Anstoß zur Massenvernichtung. Dem entsetzlichen
Völkermord fielen bis 1945 sechs Millionen Juden und 500.000
Sinti und Roma zum Opfer. Die Verschleppung der Juden aus
dem gesamten Regierungsbezirk Wiesbaden, einschließlich der
Lahn-Dill-Region, fand in zwei Massendeportationen am
10. Juni und 28. August 1942 (Johann Wolfgang Goethes 193.
Geburtstag) von einem Sammellager in Frankfurt am Main aus
statt. Sie führte in verschiedene Vernichtungs- und Konzentrationslager in den besetzten Gebieten Mittel- und Osteuropas,
überwiegend nach Auschwitz. Leider missglückte der Anschlag
des Schreinermeisters Johann Georg Elser auf Hitler wenige
Wochen nach Beginn des Zweiten Weltkriegs am 8. November
1939 im Münchner Bürgerbräukeller, in dessen Folge Hitler 21
deutsche und österreichische Juden am nächsten Tag im KZ
Buchenwald umbringen ließ.
Auch die Flugblattaktionen des überwiegend aus Studenten
bestehenden Widerstandsrings „Die Weiße Rose" konnten mit
ihren engagierten Appellen vom Juni 1942 bis zum Februar
1943 an deutschen Universitäten die fanatischen Aktivitäten der
Nationalsozialisten nicht aufhalten. In den Flugblättern der
später hingerichteten Hauptakteure wird u.a. ausgeführt:[93]
Flugblatt 1:
> „Goethe spricht von den Deutschen als einem tragischen
> Volke, gleich dem der Juden und Griechen, aber heute hat
> es eher den Anschein, als sei es eine seichte, willenlose
> Herde von Mitläufern, denen das Mark aus dem Innersten
> gesogen und die nun ihres Kerns beraubt, bereit sind, sich in
> den Untergang hetzen zu lassen."

Flugblatt 2:
> „Nicht über die Judenfrage wollen wir in diesem Blatt
> schreiben, keine Verteidigungsrede verfassen – nein, nur als
> Beispiel wollen wir die Tatsache kurz anführen, die Tat-

---

93   Vgl. Armin Ziegler (2007), S. 88-102.

sache, dass seit der Eroberung Polens dreihunderttausend Juden in diesem Land auf bestialischste Art ermordet worden sind. Hier sehen wir das fürchterlichste Verbrechen an der Würde des Menschen, ein Verbrechen, dem sich kein ähnliches in der ganzen Menschengeschichte an die Seite stellen kann."

Flugblatt 6:

„Erschüttert steht unser Volk vor dem Untergang der Männer von Stalingrad. Dreihundertdreißigtausend deutsche Männer hat die geniale Strategie des Weltkriegsgefreiten sinn- und verantwortungslos in Tod und Verderben gehetzt."

Durch Helmuth von Moltke gelangte das sechste und letzte Flugblatt über Skandinavien nach England. 1,5 Millionen davon wurden von britischen Flugzeugen im Herbst 1943 über Deutschland abgeworfen.

4.1.6   Bürgerlich-ziviler Kreisauer Kreis, militärisch-bürgerlicher Umsturzversuch

In den Jahren 1942/43 tagte der bürgerlich-zivile Kreisauer Kreis um Helmuth James Graf von Moltke und Peter Graf Yorck von Wartenburg, in dem Kirchenvertreter, Verfassungsrechtler, Politiker, Unternehmer und Sozialwissenschaftler mitarbeiteten, dreimal auf dem Landgut Moltkes in Niederschlesien. Er verfasste beachtenswerte Denkschriften und Gutachten zur Erneuerung der Gesellschaft nach Hitler. Im Gegensatz zu Goerdeler, der in zahlreichen selbstverfassten Memoranden eine „umfassende gesellschaftliche und politische Umwälzung" mit der Wiederherstellung von Recht und Anstandsgefühl forderte, erarbeitete der Kreisauer Kreis seine programmatischen Grundsätze für einen föderalen Wiederaufbau Deutschlands in Europa in einer Gemeinschaftsarbeit nach einem Dialog zwischen den unterschiedlichen Interessengruppen.[94] Ein Teil der Texte gelangte auch zu den Alliierten, ohne dort jedoch eine allzu große Wirkung zu erzielen.

Zusammen mit zahlreichen führenden Militärs beteiligten sich Oppositionelle des Goerdeler-Kreises, des Kreisauer Kreises und anderer bürgerlicher Widerstandsgruppierungen an dem Umsturzversuch vom 20. Juli 1944, der genau 150 Jahre nach der „ersten Bekanntschaft Goethes und Schillers" anlässlich ihres Jenaer Gesprächs über die Metamorphose bei Pflanzen stattfand. Der Bombenleger Claus Graf Schenk von Stauffenberg und über 200 militärische und zivile Persönlichkeiten wurden nach dem Umsturzversuch hingerichtet – eine ganze Reihe auch an dem Geburtstag der Mutter des Autors – und teilten damit das Schicksal etlicher Widerstandskämpfer, die bereits in den vorangehenden Monaten und Jahren Opfer des terroristischen Systems wurden. An dem Detonationsort der im Führerhauptquartier Wolfsschanze in Ostpreußen hinterlegten Bombe übergab die Präsidentin des Deutschen Bundestags, Rita Süßmuth, 1992 ein Denkmal mit einem steinernen Buch an die Öffentlichkeit, das gewiss die Bibel darstellt. Die Enthüllung des Memorials erfolgte 500 Jahre nach der ebenfalls äußerst sadistischen Vertreibung der Juden aus Spanien im Jahr 1492.

4.1.7   Jüdischer Widerstand

Neben der beachtlichen Selbstbehauptung der Juden im „Reichsverband der jüdischen Kulturbünde", in jüdisch-liberalen oder sozialistisch-zionistischen Jugendverbänden, in den beiden großen jüdischen Sportverbänden „Deutscher Makkabikreis" und Sportbund „Schild", bei der Gestaltung der jüdischen Winterhilfe und bei der Organisation der Auswanderung gab es auch eine ganze Reihe von jüdischen Gruppierungen, die gegen die antisemitische und menschenverachtende Politik der Nationalsozialisten massiv Widerstand leisteten.

---

[94]   Vgl. Hans Mommsen (2003), S. xlviii.

Zu nennen sind ca. 2.000 jüdische Aktivisten, die sich bis zu ihrer überwiegenden Verhaftung oder Auswanderung der Arbeiter- und Gewerkschaftsbewegung im Untergrund anschlossen.[95] Sehr wirksam waren auch die den Kommunisten nahestehenden jüdischen Widerstandsgruppen um Herbert Baum und Robert Uhrig und eine aus dem „Bund Deutsch-Jüdischer Jugend" erwachsene antifaschistische Mädchengruppe, die bis zu ihrer Denunziation im September 1941 in Berlin agierte.

Auch der von den deutschen Truppen niedergeschlagene Aufstand im Warschauer Ghetto vom 19. April bis 16. Mai 1943, der Untergrundwiderstand im Ghetto von Kaunas (Litauen) und die Revolten etwa in den Todeslagern von Treblinka, Sobidor und Auschwitz-Birkenau, waren beispiellose Aktivitäten, die sich in die wehrhafte Tradition des Judentums in der zwetausendjährigen Geschichte der Diaspora einfügten.[96] Der massive jüdische Widerstand von emigrierten Frauen und Männern in Frankreich, England, Österreich, den Niederlanden, der Schweiz und anderen europäischen Ländern, die engagierte Beteiligung der Juden am Partisanenkampf in den von Deutschen besetzten Gebieten und die große Anzahl deutschjüdischer Männer und Frauen, die bei den alliierten Streitkräften dienten und zu Felde zogen, runden das Bild ab.

4.1.8 Literarischer, künstlerischer und intellektueller Widerstand in der Emigration

Zahlreiche emigrierte Schriftsteller, Musiker, Mitglieder der Menschenrechtsbewegung und sonstige Intellektuelle beteiligten sich auch an öffentlichen Aktionen im Ausland gegen das NS-Regime. Die erste größere Flüchtlingsbewegung setzte bereits vor der Bücherverbrennung am 10. Mai 1933 ein und umfasste vor allem Juden und solche Verfolgte, die sich in Presse, Schrifttum und Politik vor der Machtergreifung Hitlers gegen

---

[95] Vgl. Arnold Paucker (1999), S. 9 u. 16-21.
[96] Vgl. Reuben Ainsztein (1993), S. 17.

die Nationalsozialisten ausgesprochen hatten. Darunter waren Bertolt Brecht und bekannte jüdische Persönlichkeiten wie z.B. Lion Feuchtwanger, Else Lasker-Schüler und mehrere Angehörige der Mann-Familie. Eine große Anzahl von Musikern emigrierte ebenfalls zu diesem frühen Zeitpunkt. Im allgemeinen ließen sie sich zunächst in den Metropolen der Nachbarländer nieder, etwa in Zürich, Paris, Prag, Amsterdam oder Wien und wanderten dann Ende der dreißiger oder Anfang der vierziger Jahre weiter nach England, Palästina, Südamerika, Südafrika, Shanghai oder in die USA und nach Kanada. Manche gingen auch nach Moskau und blieben dort oft bis zum Kriegsende. Obwohl die Flüchtlinge meist nicht willkommen waren und gegen das Misstrauen der ansässigen Bevölkerung und enorme Immigrationsprobleme angehen mussten, entwickelte sich in den Zufluchtsländern nicht selten eine lebhafte Community und Exilpresse. Die Schriftsteller und Journalisten nutzten die Medien und agierten mit allem Nachdruck gegen das NS-Regime. Musiker, die mancherorts als Dirigenten tätig waren oder in der Filmbranche, an Musikhochschulen und als Musikkritiker arbeiteten, verwandten ebenfalls ihre Position, um auf die Verbrechen der Nationalsozialisten hinzuweisen. Sie warben zudem mit ihrer Musik und ihren Worten um Verständnis für das verfolgte jüdische Volk und andere Verfemte. Beispielhaft zu nennen sind die Komponisten oder Dirigenten Kurt Weill, Hanns Eisler und Otto Klemperer oder auch Paul Hindemith, der ab 1935 am Aufbau des Musiklebens in der Türkei beteiligt war und 1938 in die Schweiz und 1940 in die USA übersiedelte. Künstler- und Schriftstellerkolonien, z.B. in Südkalifornien um Arnold Schönberg und Hanns Eisler,[97] Treffen des PEN-Clubs und Flüchtlingsorganisationen, etwa der „Council for a Democratic Germany" in New York, waren bei den Aktivitäten hilfreich. Das Werk Goethes, mitunter auch Schillers, stand bei Vorträgen, Publikationen, Theateraufführungen und Presseveröffentlichungen immer wieder im Mittel-

---

[97]　Vgl. Leonard Stein (1987), S. 126 u. 127.

punkt, zumal die Goethe- oder Schillerfreundlichkeit des Gast-
landes häufig die Integrationsprobleme minderte.[98] Das Ausland
nutzte ebenso die beiden Weltliteraten zur Strukturierung des
Widerstands. Unübertroffene Popularität erlangte das thematisch
aus dem Mignon-Intermezzo im „Wilhelm Meister" abgeleitete
Straßentheater „Leg deine Peitsche nieder" im chinesisch-
japanischen Krieg, das mehr als zehn Jahre in China aufgeführt
wurde und mit seiner provokativ-politischen Ausstrahlung die
Massen im Widerstand einte.[99] Schiller arrivierte 1934 ebenfalls
zur „Identifikationsfigur eines ganzen Volkes". Das in Anleh-
nung an sein Schauspiel „Wilhelm Tell" gestaltete heroische
Theaterstück „Es lebe die Nation" fesselte besonders die
Chinesen.[100]
Viele Emigranten hatten Beziehungen zum Völkerbund und zum
Netzwerk Verfolgtenhilfe, zu Exilregierungen in London und zu
ausländischen Regierungen, bei denen sie hin und wieder
Beraterdienste leisteten. Frühzeitig involviert war auch der
Vorsitzende des „Nationalkomitees Freies Frankreich" in
London, Charles de Gaulle. Von Belang war ebenso die Mit-
arbeit von Emigranten in der Menschenrechtsarbeit . Die bei der
pazifistischen „Internationalen Frauenliga für Frieden und
Freiheit" (IFFF) in Genf engagierte Jüdin Gertrud Baer fertigte
beispielsweise Berichte über die Situation im Deutschen Reich
für die amerikanische Sektion.[101]

4.2   Flucht und Überlebenshilfe

Die Emigration der jüdischen Bevölkerung einschließlich
umfangreicher Kindertransporte unterstützten mehrere nationale
und internationale jüdische Organisationen (z.B. das „Palästina-
amt" in Berlin, der „Council for German Jewry" in London und

---

[98]   Vgl. Brita Eckert u. Werner Berthold (1999), S. 69.
[99]   Vgl. Wuneng Yang (2000), S.93-97.
[100]   Vgl. Hong Zhu (1994), S. 23/24 u. 48.
[101]   Vgl. Gedenkstätte Deutscher Widerstand (2001), Faltblatt 7.7.

die von Recha Freier gegründete „Kinder- und Jugend-Alijah"),
das „Hochkommissariat des Völkerbundes für Flüchtlinge" (bis
1938) und das „Intergovernmental Committee on Political
Refugees" in London (ab 1938), die alle eng mit dem Netzwerk
Verfolgtenhilfe zusammenarbeiteten. Beteiligt war auch auch
Johanna Kirchner aus Frankfurt am Main, die 1935 im
lothringischen Forbach, dem früheren Wohnort der Eltern von
Martha Schäfer, eine Flüchtlingsberatungsstelle mit aufbaute.[102]
Ab 1933 konnten aus Deutschland annähernd 280.000 Juden
emigrieren. Im Anschluss an die Reichskristallnacht stieg ihre
Anzahl gegenüber den Vorjahren rapide an. Nach dem
Auswanderungsverbot am 23. Oktober 1941 gelang nur noch
einigen Tausend Juden die Flucht.[103]
Mit zunehmender Verfolgung leisteten Menschen aller Nationen
und Konfessionen Flucht- und Überlebenshilfe. Es gab ganze
Dörfer, die mithalfen, und auch sehr aktive Berufszweige, wie
z.B. Winzer und Geistliche. Einige Emigranten engagierten sich
ebenfalls tatkräftig und ermöglichten mit ihren Beziehungen im
Aufnahmeland die Einreiseerlaubnis für weitere Flüchtlinge.
Besonders emsig waren u.a. Thomas Mann und seine Tochter
Erika Mann, die in etlichen Unterstützungsorganisationen mit-
wirkten. In Paris baute der Mitbegründer der Deutschen Demokratischen Partei (DDP) im Jahr 1918, Hellmuth von Gerlach, in
Zusammenarbeit mit der französischen „Liga für Menschen-
rechte" einen Hilfsdienst für deutsche Flüchtlinge auf.[104] In der
Schweiz nutzte der frühere deutsche Reichskanzler Joseph Wirth
seine guten Beziehungen zu Regierungskreisen und zum
Völkerbund zum Beistand.

Die Abwicklung der Emigration der verfolgten Juden durch die
Hilfsdienste zeigte enge Parallelen zum Exodusgeschehen von
Moses und dem jüdischen Volk im Alten Testament. Die Ver-

---

[102] Die spätere Widerstandskämpferin in Frankreich wurde am 9. Juni 1944
in Berlin-Plötzensee hingerichtet.
[103] Vgl. Deutsche Bibliothek (Hrsg.) (1985), S. 303.
[104] Vgl. Gedenkstätte Deutscher Widerstand (2001), Faltblatt 7.5 u. 7.7

quickung der Familie des Autors zum 10. Dezember, vor allem durch den Deutschen Wandertag 1927 in Herborn, war hierbei richtungsweisend. Besonders deutlich wurde dies bei den Rettungstransporten annähernd zehntausend jüdischer Kinder am 1. Dezember 1938 von Berlin und am 10. Dezember 1938 von Wien aus nach Großbritannien. Genutzt wurden zudem die guten Verbindungen des Netzwerks Verfolgtenhilfe zum Völkerbund in Genf, beispielsweise zu dessen Präsident, Aga Khan (1937/38) aus Indien und zum Emir von Transjordanien, Abd Allah Ibn al-Husain, dem späteren König von (Trans-)Jordanien. Zu den weltweiten Fluchtzielen gehörten die südamerikanischen Länder. Dabei leistete der Ende des 19. Jahrhunderts mit seinen Eltern ausgewanderte Chilene Schäfer wertvolle Hilfe, der nach einem mehrjährigen Konzert- und Dirigentenaufenthalt in Berlin Anfang der zwanziger Jahre wieder in der chilenischen Stadt Chillan lebte. Er übersandte etliche Einwanderungsgenehmigungen ins Deutsche Reich und nutzte seine Beziehungen, um in mehreren Staaten auf die Aufnahme der Verfolgten hinzuwirken. In einer Sonderveröffentlichung Nr. 15 der Deutschen Bibliothek (jetzt Deutsche Nationalbibliothek) über die gesamte jüdische Emigration aus Deutschland in den Jahren 1933 bis 1941 sind auf dem Deckblatt Leo Baeck und die Großmutter des Autors (väterlicherseits) zusammen mit einem Schiff abgebildet. Es handelt sich um das Begleitbuch zu einer Ausstellung, die 1985 in Zusammenarbeit mit dem Leo Baeck Institut, New York, unter der Schirmherrschaft von Bundespräsident Richard von Weizsäcker in Frankfurt am Main stattfand.[105]
Der Herborner Otto Schäfer nutzte seine Vorrangfunktion im Widerstand als Symbolfigur für den 1. Mai und vor allem auch mit seinen Wanderfreunden. Zeitweise war er Wanderwart des Herborner Westerwaldvereins. Er unterhielt Beziehungen zu Winzern und zu einigen einflussreichen ortsansässigen Bürgern und Immigranten in der Schweiz sowie zu einzelnen Oppositionellen in Österreich, Südtirol, Holland und Frankreich. Als

---

[105] Vgl. Deutsche Bibliothek (Hrsg.) (1985).

begeisterter Skiläufer und Bergwanderer engagierte er sich bei der Fluchthilfe in Gebirgsregionen und vertiefte und verbreitete Kenntnisse über das Lagersystem der Nationalsozialisten durch gute Kontakte zum Widerstand der Arbeiterbewegung und zu Fremdarbeitern im Deutschen Reich. Unter Einbeziehung von Oppositionellen in den besetzten Gebieten beteiligte er sich am Aufbau eines Netzwerks, das u.a. Verbindungswege in das Vernichtungslager Auschwitz in Oberschlesien und die Konzentrationslager Groß-Rosen in Niederschlesien, Buchenwald bei Weimar und Sachsenhausen bei Oranienburg sicherte. Dabei war im fortschreitenden Verlauf des Krieges äußerste Vorsicht geboten, da die Feldzüge der Alliierten mit der Invasion an 8. November 1942 in Nordwestafrika und am 6. Juni 1944 an der Küste der Normandie einen engen Bezug zur Friedensmoralität und zum historischen Befreiungskampf der Juden gegen die Römer 66 n. Chr. in Jerusalem offenbarten. Die öffentliche Bekanntmachung der Hinrichtung des in der alten Reichskammergerichtsstadt Wetzlar opponierenden Arbeiters Erich Deibel am 15. August 1942 sollte zudem mit ihrem marianischen Bezug besonnene Bürger in seiner Heimatregion vom Widerstand abhalten.

Am 22. Januar 1944 konstituierte sich auf Initiative des amerikanischen Präsidenten D. Roosevelt der „War Refugee Board" (WRB) zur Rettung der tödlich bedrohten NS-Verfolgten in Europa, der sich wesentlich auf das bestehende Verbindungsnetz zu den Konzentrations- und Vernichtungslagern stützte und eng mit dem Internationalen Roten Kreuz, dem Netzwerk Verfolgtenhilfe, Kirchenvertretern und jüdischen Untergrundorganisationen zusammenarbeitete. Bis zum Ende des Zweiten Weltkriegs leistete der WRB Überlebens- und Fluchthilfe für einige hunderttausend Menschen.[106] Die Befreiung des Konzentrationslagers Buchenwald bei Weimar ereignete sich nach einem initiierten Häftlingsaufstand mit Unterstützung von amerikanischen Truppen am 11. April 1945, genau 218 Jahre nach der Urauffüh-

---

[106] Vgl. Claus-Dieter Krohn u.a. (Hrsg.) (1998), S. 74 u. 75.

rung der Matthäuspassion von Johann Sebastian Bach in der Thomaskirche in Leipzig. Mehrere Familienmitglieder des Autors waren an der Herstellung der Verbindung in das Konzentrationslager beteiligt.

Abbildung 4:
Otto und Martha Schäfer mit Anneliese Kroll, geb. Pech (r), und Sophie Schäfer (im Hintergrund) Ende der dreißiger Jahre auf dem Herborner Haus des Westerwaldvereins.

72

5. Literaturverzeichnis

Ainsztein, Reuben (1993): Jüdischer Widerstand im deutschbesetzten Osteuropa während des Zweiten Weltkrieges, aus dem Englischen übertragen u. bearb. v. Jörg Paulsen, hrsg. in Zusammenarbeit mit der Arbeitsstelle ‚Nationalsozialismus und Zeitgeschichte' der Universität Oldenburg, bis, Oldenburg.

Barkai, Avraham (2001): Im Schatten der Verfolgung und Vernichtung. Leo Baeck in den Jahren des NS-Regimes, in: Leo Baeck 1873-1956. Aus dem Stamme von Rabbinern, hrsg. v. Georg Heuberger u. Fritz Backhaus, Jüdischer Verlag – Suhrkamp, Frankfurt am Main, S. 77-102.

Barkai, Avraham u. Mendes-Flohr, Paul (1997): Deutsch-Jüdische Geschichte in der Neuzeit: Bd. IV Aufbruch und Zerstörung 1918-1945, mit einem Epilog von Steven M. Lowenstein, hrsg. im Auftrag des Leo Baeck Instituts von Michael A. Meyer unter Mitwirkung von Michael Brenner, Büchergilde Gutenberg, Frankfurt am Main und Wien.

Barner, Wilfried (1992): Von Rahel Varnhagen bis Friedrich Gundolf. Juden als deutsche Goethe-Verehrer, Lessing-Akademie Wolfenbüttel, Wallstein, Göttingen.

Barth, Ilse-Marie (1971): Literarisches Weimar. Kultur/Literatur/ Sozialstruktur im 16. – 20. Jahrhundert, J.B. Metzlersche Verlagsbuchhandlung, Stuttgart.

Bäumler, Ernst (1997): Paul Ehrlich. Forscher für das Leben, 3. durchges. Aufl., Wötzel, Frankfurt am Main.

Beller, Walter (1995): Goethes Wilhelm Meister Romane. Bildung für eine Moderne, Revonnah, Hannover.

Benz, Wolfgang (2000): Widerstand traditioneller Eliten, in: Deutscher Widerstand 1933-1945, Informationen zur politischen Bildung, Nr. 243 (Neudruck), hrsg. v, Bundeszentrale für politische Bildung, Bonn, S. 26-33.

Bimberg, Guido (1997): Musik in der europäischen Gesellschaft des 18. Jahrhunderts, Böhlau, Weimar – Köln – Wien.

Borchmeyer, Dieter (1994): Goethe, Mozart und die Zauberflöte, Vandenhoeck & Ruprecht, Göttingen.

Borchmeyer, Dieter (1994/1998): Weimarer Klassik. Portrait einer Epoche, Studienausgabe, Beltz Athenäum, Weinheim.

Borchmeyer, Dieter (2002-2010): »Du Mont Schnellkurs Goethe«, Der späte Goethe (1805-1832), in: LMU-Goethezeitportal, www.goethezeitportal.de/index.php?id=809, abgefragt am 5.11.2010.

Busch-Salmen, Gabriele (1998): »Stimmen der Völker in Liedern« (Johann Gottfried Herder), in: Der Weimarer Musenhof. Dichtung, Musik und Tanz, Gartenkunst, Geselligkeit, Malerei; von Gabriele Busch-Salmen, Walter Salmen u. Christoph Michel, J.B. Metzler, Stuttgart – Weimar, S. 79-84.

Busch-Salmen, Gabriele u. Salmen, Walter (1998): »Tanzen gehört zum festlichen Tag« (J.W. Goethe), in: Der Weimarer Musenhof ... (a.a.O.), S. 113-142.

Dainat, Holger (1998): „Dieser ästhetische Kosmopolitismus ist aus für uns." Weimarer Klassik in der Weimarer Republik, in: Weimar 1930. ... a.a.O., S. 99-121.

Deutsche Bibliothek (Hrsg.) (1985): Die jüdische Emigration aus Deutschland 1933-1941. Die Geschichte einer Austreibung, Sonderveröffentlichung Nr. 15, im Zusammenhang mit einer Ausstellung der Deutschen Bibliothek unter Mitwirkung des Leo Baeck Instituts, New York, unter Schirmherrschaft von Bundespräsident Richard von Weizsäcker, Buchhändler-Vereinigung, Frankfurt am Main.

Dilsner-Herfurth, Andrea (2008): Hedwig Burgheim – Leben und Wirken, hrsg. von Rolf und Brigitte Kralovitz, Passage, Leipzig.

Dörr, Volker C. (2007): Weimarer Klassik,Wilhelm Fink, Paderborn.

Droste-Hülshoff, Annette von (1980 und 1992): Historisch-kritische Ausgabe. Geistliche Dichtung: Text, Band IV, 1, und Geistliche Dichtung: Dokumentation, Band IV, 2, bearbeitet von Winfried Woesler, Max Niemeyer, Tübingen.

Eckert, Brita u. Berthold, Werner (1999): » ... er teilte mit uns allen das Exil«, Goethebilder der deutschsprachigen Emigration 1933-1945, Begleitbuch zur Ausstellung des Deutschen Exilarchivs 1933-1945 der Deutschen Bibliothek, Harrassowitz, Wiesbaden.

Ehrlich, Lothar u. John, Jürgen (Hrsg.) (1998): Weimar 1930. Politik und Kultur im Vorfeld der NS-Diktatur, Böhlau, Köln – Weimar – Wien.

Eisenstein, Daniela (2001): »Neutralität ist ein Boden der Freien«. Leo Baeck in den jüdischen Organisationen der zwanziger Jahre, in: Leo Baeck 1873-1956, a.a.O., S. 71-76.

Engelhardt, Wolf von (2003): Goethe im Gespräch mit der Erde. Landschaft, Gesteine, Mineralien und Erdgeschichte in seinem Leben und Werk, Hermann Böhlaus Nachfolger, Weimar.

Erler, Hans; Paucker, Arnold u. Ehrlich, Ernst Ludwig (2003): »Gegen alle Vergeblichkeit« Jüdischer Widerstand gegen den Nationalsozialismus, Campus, Frankfurt/New York.

Fink, Gonthier-Louis u.a. (Hrsg.) (1991): Johann Wolfgang Goethe: Wilhelm Meisters Wanderjahre. Maximen und Reflexionen, Münchner Ausgabe: Bd. 17, Carl Hanser, München.

Fischer, Robert-Tarek (2006): Österreich im Nahen Osten. Die Großmachtpolitik der Habsburgmonarchie im Arabischen Orient 1633-1918, Böhlau, Wien – Köln – Weimar.

Forssmann, Erik (1999): Goethezeit. Über die Entstehung des bürgerlichen Kunstverständnisses. Deutscher Kunstverlag, München, Berlin.

Franz, Erich (1932): Goethe als religiöser Denker, Mohr (Paul Siebeck), Tübingen.

Freud, Sigmund und Bullitt, William C. (2007): Thomas Woodrow Wilson. Der 28. Präsident der Vereinigten Staaten von Amerika (1913-1921). Eine psychoanalytische Studie, hrsg. von Hans-Jürgen Wirth, übers. von Klaus Laermann, Psychosozial-Verlag, Gießen.

Frizen, Werner (2003): Kommentar zu „Lotte in Weimar" (einschl. Romantext), Frankfurter Ausgabe Thomas Mann, Band 9.2, Fischer, Frankfurt am Main.

Frölich, Jürgen (2004): Opposition und Widerstand auf liberaler Grundlage, in: Widerstand gegen die nationalsozialistische Diktatur 1933-1945, hrsg. v. Peter Steinbach und Johannes Tuchel, Lukas, Berlin, S. 167-184.

Gedenkstätte Deutscher Widerstand (2001): Widerstand aus der Arbeiterbewegung bis 1939 (Faltblatt 4.2, 4.3, 4.10) und Exil und Widerstand (Faltblatt 7.5, 7.7); (2006): Widerstand aus der Arbeiterschaft nach 1939 (Faltblatt 25.6), Text von Prof. Dr. Peter Steinbach u. Dr. Johannes Tuchel, Berlin.

Goethe, Johann Wolfgang (1998): Israel in der Wüste, in: West-östlicher Divan: Besserem Verständnis, Münchner Ausgabe: Bd. 11.1.2, Carl Hanser, München, S. 215-233.

Goethe, Johann Wolfgang (1985): Aus meinem Leben. Dichtung und Wahrheit, hrsg. von Peter Sprengel, Münchner Ausgabe: Bd. 16, Carl Hanser, München.

Goethe, Johann Wolfgang (1994): Über das Deutsche Theater, in: Divan-Jahre 1814-1819, Münchner Ausgabe: Band 11.2, Carl Hanser, München, S. 161-173.

Gradenwitz, Peter (1987): Der deutsch-jüdische Beitrag zur Entwicklung des Musiklebens in Israel, in: Verdrängte Musik – Berliner Komponisten im Exil, hrsg. von Habakuk Traber und Elmar Weingarten, Argon, Berlin, S. 79-98.

Günzel, Klaus (2001): Das Weimarer Fürstenhaus. Eine Dynastie schreibt Kulturgeschichte, Böhlau, Köln – Weimar – Wien.

Hauber, Ingrid u. Peter (2009): 25 Jahre Benefizkonzerte der IPPNW: Mit Kultur Politik machen gegen den atomaren Wahnsinn. Für eine Kultur des Friedens, hrsg. v. der Deutschen Sektion der Internationalen Ärzte für die Verhütung des Atomkrieges (IPPNW), Ärzte in sozialer Verantwortung e.V., Berlin.

Haussmann, Carl Frederick (1917): Kunze's Seminarium and the Society for the Propagation of Christianity and useful knowledge among the Germans in America, Americana Germanica, Number 27, University of Pennsylvania, Philadelphia.

Heinz, Jutta (2006): Narrative Kulturkonzepte. Wielands Aristipp und Goethes Wilhelm Meisters Wanderjahre, Winter, Heidelberg.

Homann, Ursula (April 2001): Goethe und das Judentum, in: Materialdienst, Nr. 2, hrsg. v. Evangelischer Arbeitskreis Kirche und Israel in Hessen und Nassau, Heppenheim, S. 2-17.

Homann, Ursula (o.J.): Goethe und die Religion, www.ursula homann.de/GoetheUndDieReligion/, abgefragt am 12.11.2010

Huschke, Wolfram (1982): Musik im klassischen und nachklassischen Weimar 1756-1861, Hermann Böhlaus Nachfolger, Weimar.

Jatho, Jörg-Peter (1998): „Titan und Untertan". Anmerkungen zu Dr. Alfred Kaufmann und Heinrich Will. Eine Replik auf „Heinrich Brinkmann: Der Fall Heinrich Will oder zum Umgang mit Quellen", 10. verb. Aufl., Eigenverlag, Gießen.

Klauß, Jochen (1989): Der Kunstsammler Goethe und die Seinigen, in: Goethe als Sammler. Kunst aus dem Haus am Frauenplan in Weimar, eine Ausstellung der Nationalen Forschungs- und Gedenkstätten der klassischen deutschen Literatur in Weimar (DDR) in Zusammenarbeit mit der Präsidialabteilung der Stadt Zürich, Strauhof, Offizin, Zürich, S. 15-30.

Klünker, Wolf-Ulrich (1988): Goethes Idee der Erziehung zur Ehrfurcht. Die Pädagogische Provinz in dem Roman „Wilhelm Meisters Wanderjahre oder die Entsagenden", Diss. im Fachbereich Sozialwissenschaften der Universität Göttingen.

Kohn. Hans (1961): Martin Buber. Sein Werk und seine Zeit – Ein Beitrag zur Geistesgeschichte Mitteleuropas 1880-1930, Joseph Melzer, Köln.

Kost, Jürgen (2004): Wilhelm von Humboldt – Weimarer Klassik – Bürgerliches Bewusstsein. Kulturelle Entwürfe in Deutschland um 1800, Königshausen & Neumann, Würzburg.

Kratz, Wolfgang (1984): Politische Diskussionen im Seminar während des Dritten Reiches, in: Von der Hohen Schule zum Theologischen Seminar Herborn: 1584-1984, Festschrift zur 400-Jahrfeier, hrsg. im Auftrag der Stadt Herborn von J. Wienecke u.a., Herborn, S. 148-151.

Krohn, Claus-Dieter u.a. (Hrsg.) (1998): Handbuch der deutschsprachigen Emigration 1933-1945, in Zusammenarbeit mit der Gesellschaft für Exilforschung, unter red. Mitarbeit von Elisabeth Kohlhaas, Primus, Darmstadt.

Kühnlenz, Fritz (1993): Weimarer Porträts. Bedeutende Frauen und Männer um Goethe und Schiller, Greifenverlag, Rudolstadt.

Levinson, Nathan Peter (2006): Widerstand und Eigensinn – Sechs jüdische Lehrer: Jesus-Jeschua, Martin Buber, Franz Rosenzweig, Leo Baeck, Joseph Carlebach, Abraham Joshua Heschel, hrsg. von Irmgard Zepf, Lit, Berlin.

Maierhofer, Waltraud (1990): »Wilhelm Meisters Wanderjahre« und der Roman des Nebeneinander, Aisthesis, Bielefeld.

Meier, Richard (2002): Gesellschaftliche Modernisierung in Goethes Alterswerken »Wilhelm Meisters Wanderjahre« und »Faust II«, Rombach, Freiburg im Breisgau.

Meyer, Rudolf (1999): Goethe. Der Heide und der Christ, 3. Aufl., Urachhaus, Stuttgart.

Mikrut, Jan (Hrsg.) (2000): Österreichs Kirche und Widerstand 1939-1945, Dom, Wien.

Mommsen, Hans (2003): Carl Friedrich Goerdeler im Widerstand gegen Hitler, in: Politische Schriften und Briefe Carl Friedrich Goerdelers, hrsg. v. Sabine Gillmann und Hans Mommsen, Bd. 1, Saur, München, S. xxxvii –lxvi.

Müller, Ulrike in Zusammenarbeit mit der Landeszentrale für politische Bildung Thüringen (Hrsg.) (2003): Frauenpersönlichkeiten der Weimarer Klassik, mit Beiträgen von Renate Ragwitz u.a., VDG, Weimar.

Müller-Blattau, Joseph (1969): Goethe und die Meister der Musik. Bach – Händel –Mozart – Beethoven – Schubert, Ernst Klett, Stuttgart.

Näf, Martin (2006): Paul und Edith Geheeb-Cassirer. Gründer der Odenwaldschule und der Ecole d'Humanité. Deutsche, schweizerische und internationale Reformpädagogik 1910-1961, Beltz, Weinheim und Basel.

Nebe, August (1891): Comenius als Mensch: Pädagog und Christ, in: Sammlung pädagogischer Vorträge, Bd. 4, Heft 7, Helmich, Bielefeld, S. 101-120.

Nebe, August (1931): Goethes Erziehungsideen und Bildungsideale, in: Lehrproben und Lehrgänge, Bd. 4, Buchhandlung d. Waisenhauses, Halle, S. 257-275.

Nebe, August (2004): Goethe und das Waisenhaus, in: Francke-Blätter, H2/2004, hrsg. von der Arbeitsgruppe „ehemalige Lehrer und Schüler der Franckeschen Stiftungen" in Halle (Saale), Nachdruck eines Artikels vom 8.3.1932 in den „Hallischen Nachrichten", S. 19-21.

Niedermeier, Michael (Sept. 2005): „Amerika, Du hast es besser!" Altes Europa und Neues Amerika. Kulturelle Imaginationen zwischen Stereotyp und Utopie, in: Trans, Internet-Zeitschrift für Kulturwissenschaften, Nr. 15, www.inst.at/trans/15Nr/.../ niedermeier15.htm, abgefragt am 6.11.2010.

Oellers, Norbert (2005): Schiller. Elend der Geschichte, Glanz der Kunst, Philipp Reclam jun., Stuttgart.

Osthoff, Wolfgang (2007): Die Neunte Symphonie und Schiller, in: Schiller und die Musik, hrsg. von Helen Geyer u. Wolfgang Osthoff, Böhlau, Köln – Weimar – Wien, S. 193-210.

Paucker, Arnold (1999): Deutsche Juden im Widerstand 1933-1945. Tatsachen und Probleme, 2. erw. u. verb. Aufl., Gedenkstätte Deutscher Widerstand, Berlin.

Plietzsch, Susanne (2001): Kindheit und Jugend Leo Baecks in Lissa, in: Leo Baeck 1873-1956, a.a.O., S. 15-25.

Rattner, Josef (1968): Grosse Pädagogen: Erasmus – Vives – Montaigne –Comenius –Locke – Rousseau – Kant – Salzmann – Pestalozzi – Jean Paul – Goethe – Herbart – Fröbel – Kerchensteiner – Aichhorn – Adler, 2., erweiterte Aufl., Ernst Reinhardt, München – Basel.

Rau, Reinhold (Bearb.) (1993): Quellen zur karolingischen Reichsgeschichte, erster Teil: Die Reichsannalen. Einhard: Leben Karls des Grossen. Zwei „Leben" Ludwigs. Nithard Geschichten, Wissenschaftliche Buchgesellschaft, Darmstadt.

Reznicek, E.K.J. (1961): Die Zeichnungen von Hendrick Goltzius – mit einem beschreibenden Katalog, Dekker & Gumbert, Utrecht.

Ringshausen, Gerhard (2008): Widerstand und christlicher Glaube angesichts des Nationalsozialismus, 2., erw.Aufl., Reihe: Lüneburger Theologische Beiträge, Lit, Berlin.

Rohde, Carsten (2008): Ingenieursdenken und Sternenglauben. Natur und Naturwissenschaften in Goethes Wanderjahren, in: Von null bis unendlich. Literarische Inszenierungen naturwissenschaftlichen Wissens, hrsg. von Anne-Kathrin Reulecke, Böhlau, Köln – Weimar – Wien, S. 175-188.

Saße, Günter (2010): Auswandern in die Moderne. Tradition und Innovation in Goethes Roman Wilhelm Meisters Wanderjahre, de Gruyter, Berlin – New York.

Schäfer, Jochem (2001): Der Peterzug: Dem Nationalfeiertag besonders verbunden – Der 3. Oktober als Tag der Deutschen Einheit, M.-G. Schmitz, Kelkheim.

Schäfer, Jochem (2004): Den Frieden sichern: Plädoyer für eine natur- und umweltfreundliche Zukunft, 2. Aufl., M.-G. Schmitz, Kelkheim.

Schäfer, Jochem (Juli 2004): Das internationale Nichtverbreitungsregime von Massenvernichtungswaffen im Wandel: Trinity, Hiroshima und Nagasaki als bleibendes zeitloses Fundament, M.-G. Schmitz, Kelkheim.

Schäfer, Jochem (April 2005): Eine weitsichtige Städtepartnerschaft zwischen Herborn und Pertuis: Die Grundrechte in der Europäischen Union, M.-G. Schmitz, Kelkheim.

Schäfer, Jochem (Dezember 2005): Aus heutiger Sicht: Musik und Politik im Dritten Reich – Die Familie Schäfer im Widerstand, M.-G. Schmitz, Kelkheim.

Schäfer, Jochem (2006): Der 3. Oktober ein weltweites Symbol für den friedlichen Dialog, Schmitz, Kelkheim.

Schäfer, Jochem (Juli 2008): Europäische Perspektiven: Der 1989er Salzmarsch in Deutschland und Mittel- und Osteuropa und die zukunftsweisende Bürgerkommunikation in der EU, M.-G. Schmitz, Nordstrand/Nordsee.

Schäfer, Jochem (2009): Die Gedanken eines Komparsen: Die Volksrepublik China und ihre wachsende Bedeutung in der Welt, M.-G. Schmitz, Nordstrand/Nordsee.

Schäfer, Jochem (2010): Kulturelle und humane Anstöße der friedlichen Revolution in der DDR. In ureigener Wiedergabe unter Einschluss des Camp-David-Friedens, M.-G. Schmitz, Nordstrand/Nordsee.

Schwabe, Klaus (1971): Woodrow Wilson. Ein Staatsmann zwischen Puritanertum und Liberalismus, Musterschmidt, Göttingen – Zürich – Frankfurt.

Simm, Hans-Joachim (Hrsg.) (2000): Goethe und die Religion. Aus seinen Werken, Briefen, Tagebüchern und Gesprächen, Insel Taschenbuch, Frankfurt am Main – Leipzig.

Stehkämper, Hugo (1985): Protest, Opposition und Widerstand im Umkreis der (untergegangenen) Zentrumspartei – Ein Überblick, in: Der Widerstand gegen den Nationalsozialismus. Die deutsche Gesellschaft und der Widerstand gegen Hitler, hrsg. v. Jürgen Schmädeke und Peter Seinbach, Piper, München – Zürich, S. 113-150.

Stein, Leonard (1987): Musiker im Exil in Südkalifornien, in: Verdrängte Musik. Berliner Komponisten im Exil, a.a.O., S. 123-127.

Steinbach, Peter u. Tuchel, Johannes (Hrsg.) (2000): Widerstand in Deutschland 1933-1945. Ein historisches Lesebuch, C.H. Beck, München.

Steinhäuser, Armine Eleonore (1992): Auf den Spuren Martin Bubers. Die Gießener Wirksamkeit des jüdischen Religionsphilosophen, in: Hessische Heimat: aus Natur und Geschichte, Bd. 43, H. 5, Mittelhess. Druck- u. Verl. Ges., Gießen, S. 20.

Stevens, Harm (2003): Diener des Staates fürstlich portraitiert, in: Oranienbaum – Huis van Oranje, Wiedererweckung eines anhaltischen Fürstenschlosses: Oranische Bildnisse aus fünf Jahrhunderten, Landesausstellung Sachsen-Anhalt 2003, Katalog und Schriften der Kulturstiftung Dessau Wörlitz, S. 121-125.

Ulbricht, Justus H. (1998): Im Herzen des „geheimen Deutschland".
Kulturelle Opposition gegen Avantgarde, Moderne und Republik in Weimar 1900 bis 1933, in: Weimar 1930, ... (a.a.O.), S. 139-167.

Verband Deutscher Gebirgs- und Wandervereine (2000): 100 Jahre Wandervereine 100 x Deutscher Wandertag, Begleitheft zur Ausstellung des Verbandes, Eigenverlag, Kassel.

Verhandlungen der verfassungsgebenden Deutschen Nationalversammlung. Stenographische Berichte (1919), Mikrofiche-Ausg., Bd. 326, S. 1A-3D, Olms, Hildesheim u.a.

Vietsch, Eberhard von (1961): Wilhelm Solf. Botschafter zwischen den Zeiten, Rainer Wunderlich Verlag Hermann Leins, Tübingen.

Wehr, Gerhard (1968): Martin Buber in Selbstzeugnissen und Bilddokumenten, Rowohlt-Taschenbuch, Reinbek bei Hamburg.

Weiland, Werner (1983): Goethes Religion – sein Glaube an Gott, Vortrag am 27. Januar 1983 in Kassel, Goethe-Gesellschaft Kassel, Jahresgabe 1984/85.

Weizmann, Chaim (1930): Das Recht des jüdischen Volkes auf seine Nationale Heimstätte, in: Palästina. Vier Reden von Dr. Chaim Weizmann, Präsident der Jewish Agency für Palästina, hrsg. von der Jewish Agency, London, S. 32-40.

Well, Helmut (2007): Schillervertonungen von Reichardt, Zelter und anderen; in: Schiller und die Musik, a.a.O., S. 5-16.

Wendermann, Gerda (2004): Im Kampf um die Moderne. Das Thüringische Landesmuseum in der Weimarer Republik, in: Kunst der Weimarer Republik: Meisterwerke der Nationalgalerie Berlin, hrsg. v. Moritz Wullen in Zusammenarbeit mit Maren Eichhorn, Du Mont, Berlin - Köln, S. 37-45.

Westerwald-Verein/ Zweigverein Herborn (1980): 50 Jahre Herborner Haus. Die Geschichte des Wanderheimes in Wort und Bild, von Rudi Irrle, Willi Heckenroth und Karl Dorn. www. westerwaldverein-herborn.de/gesch..., abgefragt am 24. Januar 2011.

Westerwald-Verein/Zweigverein Herborn (1998):Die Wäller in Herborn: 1894 – 1998, mit einem Vorwort von Helmut Grün, Eigenverlag, Herborn. www.westerwaldverein-herborn.de/gesch..., abgefragt am 24. Januar 2011.

Wienecke, Joachim (2001): Pfarrei und Kirche in Herborn bis zur Reformation, in: 750 Jahre Stadt Herborn , hrsg. im Auftrag des Magistrats vom Geschichtsverein Herborn, Schriftleitung: Rüdiger Störkel, Selbstverlag der Stadt Herborn, S. 55-65.

Wilpert, Gero von (1998): Goethe-Lexikon, Alfred Kröner, Stuttgart.

Wolgast, Eike (1990): Schiller und die Fürsten, in: Schiller und die höfische Welt, hrsg. v. Achim Aurnhammer u.a., Max Niemeyer, Tübingen, S. 6-30.

Yang, Wuneng (2000): Goethe in China (1889-1999), Peter Lang, Frankfurt am Main.

Zander-Lüllwitz, Brigitte u. Zander, Jürgen (Hrsg.) (2005): Ferdinand Tönnies Gesamtausgabe: Bd. 23 – Teilband 2: 1919-1936. Nachgelassene Schriften, Walter de Gruyter, Berlin u. New York.

Zhu, Hong (1994): Schiller in China, Peter Lang, Frankfurt am Main.

Ziegler, Armin (2007): Thomas Mann und die „Weiße Rose" – der Einfluss der „Feindsender", Baier, Crailsheim.

Zilien, Johann; Abendroth, Elisabeth (Hrsg.) (2004): »... ihr Gewissen war ihr Antrieb«. Der 20. Juli 1944 und Hessen, Ausstellungskatalog, Hessisches Hauptstaatsarchiv Wiesbaden.

Der Autor wirkte in den vergangenen Jahrzehnten bei maßgeblichen friedens- und umweltpolitischen Ereignissen und Entscheidungen mit. Herausragend waren der Camp-David-Frieden zwischen Ägypten und Israel, Stabilisierungsmaßnahmen im Süden Europas und die Öffnung der Berliner Mauer mit der deutschen Wiedervereinigung und der friedlichen Auflösung des Warschauer Pakts. In der zweiten Hälfte der siebziger Jahre war er u.a. an der Ständigen Vertretung der Bundesrepublik und als Arbeitsgruppenvorsitzender des EG-Ministerrats während der deutschen Präsidentschaft 1978 in Brüssel tätig. In den Jahren 1989/90 beriet er eine Task Force unabhängiger Sachverständiger auf EG-Ebene zum Binnenmarkt- und grenzüberschreitenden Umweltschutz und nahm an Tagungen des EG-Umweltministerrats teil. Einige Jahre war er Geschäftsführer der Hessischen Stiftung für Naturschutz und von 1981 bis 1985 Ausschussvorsitzender für Landwirtschaft und Umwelt im Kreistag des Lahn-Dillkreises und Bauausschussvorsitzender im Stadtparlament von Herborn. Die feierliche Eröffnung des Beitrittsprozesses zur Europäischen Union für zehn mittel- und osteuropäische Staaten und Zypern fand nach dem demokratischen Umbruch in den Jahren 1989 bis 1991 an seinem fünfzigsten Geburtstag (1998) im EU-Außenministerrat in Brüssel statt.

März 2011   Jochem Schäfer, Ministerialrat a.D.
                             Mühlwiesenstr. 13
                             60488 Frankfurt am Main
                             Tel. 069/78 80 10 88